Bruce Wilkinson

Das Geheimnis des Weinstocks

– Andachten –

Das Geheimnis *des* Weinstocks

Andachten

Bruce Wilkinson

Schulte & Gerth

Die amerikanische Originalausgabe erschien im Verlag
Multnomah Publishers, Inc., Sisters, Oregon
unter dem Titel »Secrets of the Vine Devotional«.

Aus dem Amerikanischen übersetzt von Kerstin und Jens Uhder.

Originally published in English under the title:
Secrets of the Vine Devotional

Published by Multnomah Publishers, Inc.
204 Adams Avenue, P.O. Box 1720
Sisters, Oregon 97759 USA

Alle Bibelzitate wurden, soweit nicht anders angegeben,
der Einheitsübersetzung entnommen.

Best.-Nr. 815 889
ISBN 3-89437-889-1
1. Auflage 2004
Umschlaggestaltung: Hanni Plato/David Carlson Design
Satz: Die Feder, Konzeption vor dem Druck GmbH
Druck und Verarbeitung: GGP Media, Pößneck
Printed in Germany

Wie immer, bin ich meinem Lektor
und Co-Autor David Kopp und unserer Lektoratsassistentin
Heather Harpham Kopp zutiefst dankbar für ihr Können,
ihr Engagement und die Freundschaft,
die sie meiner Arbeit entgegenbringen.
Mein Dank gebührt auch Steffany Woolsey, David Webb,
Pamela McGrew, Judy Morrow, Michael Christopher,
Ken Jones, Jeff Gerke, Galen und Syndi Wright,
Bill Mintiens, Penny Whipps und Joel Kneedler.
Ihre Hilfe und Unterstützung waren ein Geschenk Gottes.

Bruce Wilkinson

Inhalt

Einladung: Ihr Weg zur Fülle

Überall auf der Welt, wo immer ich hinkomme, begegne ich Menschen, die erkannt haben, dass geistliche Fülle nicht einfach nur etwas ist, das uns grundsätzlich zur Verfügung steht, sondern etwas, das jeder Gläubige aktiv anstreben sollte – wir dürfen uns nicht mit weniger zufrieden geben. Kürzlich ließ mir eine Frau namens Sarah, die *Das Geheimnis des Weinstocks* gelesen hatte, eine Notiz zukommen: »Ich möchte keinen einzigen Tag mehr verlieren«, schrieb sie. »Ich will auch solch eine intensive geistliche Leidenschaft in meinem Leben entfachen, damit mein Korb zum Überfließen voll wird.«

Vielleicht geht es Ihnen auch so. Sie spüren, dass da tief in Ihnen eine göttliche Bestimmung schlummert, doch die Monate oder gar Jahre gehen ins Land, ohne dass auch nur das Geringste geschieht. Auf einmal jedoch spüren Sie so etwas wie ein Wehen des Geistes in Ihrem Leben. Sie haben ein Bild vor Augen, wo Gott mit Ihnen hin möchte, und Sie möchten sich wirklich von ganzem Herzen danach ausstrecken. Wenn dem so ist, dann ist das Buch, das Sie hier in den Händen halten, genau das Richtige für Sie.

Ich habe *Das Geheimnis des Weinstocks* geschrieben, um aufzuzeigen, wie Gott unser Leben zu seiner Ehre fruchtbar macht. Es gründet sich auf die Dinge, die Jesus seinen Jüngern noch am Vorabend seines Todes zu vermitteln suchte, während sie auf dem Weg nach Gethsemane durch einen Weinberg gingen (nachzulesen in Johannes 15). Er gebrauchte die Arbeit des Weingärtners und das Wachstum von Reben und Trauben am Weinstock, um ein sehr einprägsames Gleichnis zu kreieren, was Gott jeden Tag neu von uns erwartet und wie wir mit ihm zusammenwirken können, damit seine Ziele mit unserem Leben Wirklichkeit werden. Sollten Sie dieses kleine Büchlein noch nicht gelesen haben, dann möchte ich es Ihnen hier sehr ans Herz legen.

Das Andachtsbuch zum *Geheimnis des Weinstocks* wird Ihnen dabei behilflich sein, die Dinge, die Sie sich für sich selbst wünschen – und

Gott noch viel mehr! –, Schritt für Schritt umzusetzen. Es will Ihnen einen Monat lang ein persönlicher Begleiter und Ratgeber sein, Sie ermutigen und Ihnen praktische Anregungen geben, wie Ihr geistliches Leben eine Veränderung erfahren kann.

Zum selben Zweck wurde auch noch ein weiteres Begleitbuch geschaffen, das Tagebuch zum *Geheimnis des Weinstocks.* Auch wenn Sie sich vielleicht bislang nicht die Mühe gemacht haben, ein geistliches Tagebuch zu führen, möchte ich Ihnen doch dringend empfehlen, sich diese wichtige Gewohnheit anzueignen. Am Ende des Textes für jeden Tag werden Sie einen Verweis auf Ihr »Weinberg-Tagebuch« finden. Hier stehen jeweils weiterführende Fragen und Gebete, die Ihnen beim Führen Ihres geistlichen Tagebuchs eine Anregung sein können. Wenn Sie schreiben, denken Sie daran, dass es nicht darauf ankommt, *wie* Sie schreiben. Hauptsache ist, dass Sie es tun. Führen Sie einen fortlaufenden Dialog mit Gott. Halten Sie Ihre Eintragungen persönlich, aufgabenbezogen und wahrhaftig. Dies ist eine wunderbare Zeit des Aufbruchs in Ihrem Leben. Genießen Sie ganz bewusst jeden Augenblick!

Außerdem rate ich Ihnen, dass Sie sich auch mit den Studienhilfen zum *Geheimnis des Weinbergs* befassen. Diese Studienmaterialien sind ebenso für Einzelne wie auch für Gruppen geeignet. Sie zeigen Ihnen anhand biblischer Beispiele auf, was geistliche Fülle ist und wie sie entsteht.

Wenn Sie dieses Andachtsbuch durchgearbeitet haben, dann werden Sie besser überblicken können, was Gott seit Ihrer Bekehrung in Ihrem Leben getan hat. Sie werden ein Verständnis davon bekommen, wie sich geistliche Fülle in Ihrem Leben äußert. Sie werden weitaus mehr dauerhafte Frucht tragen, als Sie es jemals für möglich gehalten haben – und Sie werden die Gewissheit haben, dass das längst noch nicht alles ist.

So lade ich Sie ein, sich mit mir zusammen auf diese begeisternde und lebensverändernde Reise einzulassen.

Ihr
Bruce Wilkinson

Ich bin der wahre Weinstock
und mein Vater ist der Winzer.
Jede Rebe an mir, die keine Frucht bringt,
schneidet er ab,
und jede Rebe, die Frucht bringt, reinigt er,
damit sie mehr Frucht bringt ...
Ich bin der Weinstock, ihr seid die Reben.
Wer in mir bleibt und in wem ich bleibe,
der bringt reiche Frucht;
denn getrennt von mir könnt ihr nichts vollbringen ...
Mein Vater wird dadurch verherrlicht,
dass ihr reiche Frucht bringt
und meine Jünger werdet ...
Nicht ihr habt mich erwählt,
sondern ich habe euch erwählt und dazu bestimmt,
dass ihr euch aufmacht und Frucht bringt
und dass eure Frucht bleibt.
Dann wird euch der Vater alles geben,
um was ihr in meinem Namen bittet.

Johannes 15,1–2. 5. 8. 16

Nicht i[illegible]ählt,

sondern ich habe euch erwählt

und dazu bestimmt, dass ihr

euch aufmacht und Frucht bringt und

dass eure Frucht bleibt.

Dann wird euch der Vater alles geben,

um was ihr in meinem Namen bittet.

Erste Woche

Der Ertrag Ihres Lebens

Nicht ihr habt mich erwählt,
sondern ich habe euch erwählt und dazu bestimmt,
dass ihr euch aufmacht und Frucht bringt
und dass eure Frucht bleibt.
Dann wird euch der Vater alles geben,
um was ihr in meinem Namen bittet.

Johannes 15,16

1. Tag

Der grosse Tausch

Wenn ihr meine Gebote haltet, werdet ihr in meiner Liebe bleiben, so wie ich die Gebote meines Vaters gehalten habe und in seiner Liebe bleibe. Dies habe ich euch gesagt, damit meine Freude in euch ist und damit eure Freude vollkommen wird.

Johannes 15,10–11

In diesem Buch stehen Weintrauben als ein Sinnbild für geistliche Fülle in Ihrem Leben. Stellen Sie sich vor: Bund um Bund schöne, dicke, saftige Trauben! Nun lebe ich jedoch in Georgia, wo vor allem sehr viele Pfirsiche angebaut werden. Lassen Sie mich daher zuerst ein wenig über Pfirsiche reden.

Vor Jahren, als ich im Frühling mit meiner Familie aufs Land hinauszog, hörte ich davon, dass es in der Gegend einen preisgekürten Obsthain gab. »Hier wachsen die berühmten Georgia-Pfirsiche«, sagte mein Nachbar voller Stolz. »Ich sage Ihnen: So groß wie Melonen und so süß wie Honig!« Als ich den Obsthain jedoch zum ersten Mal sah, war ich ehrlich gesagt ziemlich enttäuscht. Es war Vorfrühling und kein einziger Pfirsich war zu sehen; stattdessen war unter jedem Baum ein Gewirr von unansehnlichen Stöcken, mit denen die Äste abgestützt wurden.

Was war nur los? Hatte hier etwa ein Tornado gewütet? Oder war diese lokale Sehenswürdigkeit unversehens von einer Baumkrankheit befallen worden? Ich konnte mir keinen Reim darauf machen. »Dieser traurige Hain sieht eher aus wie eine Baumklinik als wie eine preisgekrönte Obstplantage«, dachte ich mir.

Als ich meinen Nachbarn fragte, was denn diesen schönen Obstgarten so verwüstet hätte, lachte er nur. »Sie werden schon sehen«, sagte er. »In ein paar Monaten sieht es hier ganz anders aus.«

Im Hochsommer kam ich wieder ... und es sah in der Tat ganz anders aus. Die Bäume hingen voll der größten und schönsten Pfirsiche, die ich jemals gesehen hatte. Die Ernte war so groß, dass sofort klar war, wozu die Stützen dienten. Ohne sie würden die Äste unter der Last der heranreifenden Früchte brechen.

Während ich die Baumreihen abschritt, betete ich im Stillen: *Herr, ich wünsche mir, dass mein Leben irgendwann einmal so voller Frucht für dich ist wie dieser Obsthain. Lass die Früchte so groß und schwer werden, dass es Engel braucht, um die Äste zu stützen. Was auch immer nötig ist, bitte mache mich doch zu einem Menschen, der eine solche Fülle hervorbringt. Herr, darum bitte ich dich!*

Dieses spontane Gebet ist sozusagen das Herzensanliegen, um das sich dieses Büchlein dreht. Es ist der Ruf nach einem übernatürlichen Maß an Fruchtbarkeit für das Reich Gottes und danach, dass er in unserem Leben arbeitet und auf diese Weise ein solches Maß an Frucht überhaupt möglich macht.

Gott hat verheißen, dass er ein solches Gebet erhören wird. Die Sache hat freilich einen Haken. Um das Leben, das Gott für Sie bereit hat, ergreifen zu können, müssen Sie zunächst bereit sein, sich auf einen Tausch einzulassen. Sie müssen die Bereitschaft aufbringen, gewohnte Annahmen und Überzeugungen hinter sich zu lassen und Gott nachzufolgen, auf Wegen, die – zumindest anfänglich – alles andere als sicher zu sein scheinen und keinen Sinn machen.

Ernterekorde fallen in aller Regel nicht einfach so vom Himmel. Wir werden uns in diesem Buch, um beim Bild des Weinbergs zu bleiben, mit Dingen wie Schlammkrusten und Pilzbefall auseinander setzen, wir werden betrachten, wie Reben gereinigt, aufgebunden und mitten in der Wachstumsphase beschnitten werden. Wir werden uns mit Neuanfängen beschäftigen, selbst in Bereichen, wo Sie bisher immer und immer wieder gescheitert sind.

Nur bitte vergessen Sie angesichts dieser Themen nicht, worum es auf den folgenden Seiten gehen wird. Wir sprechen zwar über Erziehung und Beschneidung, aber letztlich fügt sich alles ins Gesamtbild, dass Gott in Ihnen eine Ernte hervorbringen will, die so überwältigend ist, dass Sie seine stützenden Arme brauchen werden, damit Ihnen die Äste nicht wegknicken!

Sind Sie bereit, sich darauf einzulassen, dass Gott in Ihrem Leben stärker wirkt, als Sie es bisher erfahren haben? Wenn ja, dann sind Sie bereit für den großen Tausch in Ihrem Leben, durch den sich erfüllt, was Jesus seinen Jüngern am Vorabend seines Todes in jenem Weinberg zugesagt hat. Er kündigte an, dass wir eine Ernte für Gott hervorbringen würden und dass im Zuge dessen eine besonders seltene Frucht im Übermaß in uns heranreift – eine Frucht des Herzens. Lassen Sie uns nicht aufgeben, bevor genau dies geschehen ist!

Er nannte diese Frucht ›Freude‹ ... *Dies habe ich zu euch gesagt, damit meine Freude in euch ist und damit eure Freude vollkommen wird.*

Wenn Sie nun durch diesen heutigen Tag gehen, dann versuchen Sie doch einmal Folgendes: Hinterfragen Sie radikal all Ihre bisherigen Annahmen, unerfüllten Erwartungen und ausgetretenen Vorstellungen darüber, wie Gott in Ihrem Leben wirkt. Fassen Sie sich ein Herz, ziehen Sie die kramigen Schubladen Ihrer Seele heraus und kippen Sie sie einfach aus.

Nehmen Sie sich einen Moment Zeit, um vor Jesus zu kommen, und legen Sie das ganze nutzlose Sammelsurium vor ihn hin. Sagen Sie ihm, dass Sie bereit sind, sich auf den großen Tausch einzulassen. Nehmen Sie sein Angebot an. Machen Sie sich mit mir auf den Weg zu jener Freude, die Jesus uns zugesagt hat.

Anregung für Ihr Tagebuch

Herr, führe mich hinein in ein Leben von außerordentlicher Fruchtbarkeit und Freude für dich. Bitte schenke mir ein leidenschaftliches Verlangen danach. Bitte gib mir doch einen kleinen Eindruck davon, wie mein Erntekorb heute in einem Jahr aussehen könnte.

Freude entsteht nicht dadurch, dass ich Ziele erreiche,
die ich mir selbst gesetzt habe, sie resultiert vielmehr daraus,
dass ich erfahre, wie der Lebenssinn, zu dem ich geschaffen
und wiedergeboren wurde, zur Erfüllung gelangt.
Oswald Chambers

2. Tag

Bilder vom Weinberg

Ich bin der wahre Weinstock und mein Vater ist der Winzer.
Ich bin der Weinstock, ihr seid die Reben.
Johannes 15,1. 5

Wenn Sie *Das Geheimnis des Weinstocks* gelesen haben, dann wissen Sie, dass Jesus einen dramatischen Augenblick wählte, um seinen Jüngern ein einprägsames Sinnbild mitzugeben, was die Zukunft für sie mit sich bringen würde, nämlich den Vorabend seines Leidens und Sterbens (Johannes 19), unmittelbar nachdem er all ihre Hoffnungen auf irdischen Ruhm und weltliche Macht jäh zerstört hatte (Johannes Kap. 13 und 14).

Auf ihrem nächtlichen Weg vom Obergemach hinaus zum Garten Gethsemane führte Jesus seine Jünger in einen Weinberg außerhalb der Stadtmauern. Hier hielt er plötzlich inne. Seine Freunde reihten sich im Fackelschein um ihn herum. Sie mögen sich gefragt haben, was es nun noch Niederschmetterndes zu sagen gäbe.

Umgeben von sorgfältig aufgebundenen Weinspalieren begann Jesus, über ein völlig unerwartetes Thema zu sprechen.

»Ich bin der wahre Weinstock und mein Vater ist der Winzer. Jede Rebe an mir, die keine Frucht bringt, schneidet er ab, und jede Rebe, die Frucht bringt, reinigt er, damit sie mehr Frucht bringt ... Ich bin der Weinstock, ihr seid die Reben. Wer in mir bleibt und in wem ich bleibe, der bringt reiche Frucht ... Mein Vater wird dadurch verherrlicht, dass ihr reiche Frucht bringt ...« (Johannes 15,1–2. 5a. 8)

Stellen Sie sich einmal vor, wie diese Worte für die Jünger geklungen haben müssen. Statt von einer Legion Engel sprach Jesus von Pflanzen. Anstatt den Aufstand zu planen, ließ er sich ausgiebig über die Bedingungen der Fruchtbarkeit aus. Er legte ihnen dar, dass es nicht nur möglich sei, anhaltend mit ihm in Verbindung zu stehen, sondern dass diese Beziehung sogar der Schlüssel zu einem Lebensstil sei, der Frucht hervorbringt.

Viel Frucht.

Beachten Sie, wie Jesus genau beschreibt, wofür jeder Teil des Weinstocks steht:
Jesus ist der Weinstock. Dies ist der Teil der Pflanze, der den Saft aus den Wurzeln in die Rebzweige bringt.
Seine Jünger sind die Reben. Sorgsam gehegte Rebzweige ranken zu beiden Seiten an Spalieren entlang. Sie bringen die Trauben hervor.
Gott, der Vater, ist der Winzer. Der Winzer hat nur ein Ansinnen. Er nimmt sich jede einzelne Rebe vor, damit sie das Optimum an Frucht hervorbringt.
Die guten Werke der Jünger sind die Frucht.
Verstehen Sie nun ein wenig, warum Jesus seinen Freunden das Bild vom Weinberg mit auf den Weg gibt? Hier einige zentrale Erkenntnisse aus diesem Gleichnis, die Ihr Leben grundlegend verändern können:

1. *Im Bild vom Weinberg offenbart sich Gottes Absicht für Ihr Leben.* Jesus wollte, dass seine Jünger verstehen, dass es nur einen einzigen Grund gibt, warum sie noch in der Welt sind: um zur Ehre Gottes Frucht zu tragen.
2. *Das Bild vom Weinberg macht deutlich, dass Sie zu eben diesem Zweck geschaffen sind und gehegt und gepflegt werden, um dieser Bestimmung zu genügen.* In der Tat ist der Rebzweig bei richtiger Pflege ein wahres Naturwunder. Er bringt alle Voraussetzungen mit, um Jahr für Jahr von neuem außerordentlich große Erträge zu bringen.
3. *Das Bild vom Weinberg zeigt, wie Gott in unserem Leben wirkt, um seine Absichten zu verwirklichen.* Alles, was der Vater in unserem Leben tut, ist ganz klar darauf angelegt, den Ertrag unseres Lebens für ihn zu mehren. Der Winzer ist nicht passiv, sondern aktiv, nicht unbeteiligt, sondern beteiligt, er ist nicht nachlässig oder sorglos, sondern kümmert sich um uns.
4. *Das Bild vom Weinberg macht deutlich, dass wir für eine lebendige Beziehung zu Gott geschaffen sind.* Ebenso wie schon im Bild des guten Hirten, so wird auch hier der Eindruck vermittelt, dass wir auf eine geheimnisvolle Weise mit ihm verwoben sind. Der Weinstock flößt den Reben sein Leben ein, der allgegenwärtige, nimmer-

müde Weingärtner hegt und pflegt die Schößlinge. Diese wiederum bringen ihm wertvolle Erträge ein.

5. *Das Bild vom Weinberg ist der Beweis, dass Gott uns nicht darüber im Unklaren lassen will, was er mit unserem Leben vorhat.* Leider missdeuten viele Christen sein verborgenes Handeln in ihrem Leben und verfallen in Zweifel und Misstrauen. Oder aber sie meinen, dass wahre Freundschaft mit Gott nur besonders hingegebenen Menschen wie Mönchen oder Missionaren vorbehalten ist.

Jesus aber ist gekommen, um Ihnen und mir die Hintergründe zu offenbaren, wie Gott in seinem Weinberg am Werk ist. Ich ermutige Sie, den Heiligen Geist zu bitten, dass er Ihr Herz dafür öffnet und Ihnen zeigt, wie Sie ein fruchtbares Leben nach Gottes Willen erlangen können. Lernen Sie es, die Schritte des Vaters zu hören, wie er die Spaliere Ihres Lebens abschreitet.

Anregung für Ihr Tagebuch

Was dachte ich bisher, das Jesus von mir erwartet? Inwieweit ändert sich meine Sichtweise im Lichte dessen, was uns Jesus in jener Nacht im Weinberg offenbart hat?

Wir starren nicht auf das Sichtbare,
sondern wir blicken nach dem Unsichtbaren aus;
denn das Sichtbare ist vergänglich,
das Unsichtbare ist ewig.

2. Korinther 4,18

3. Tag

Was bedeutet Frucht?

Auch unsere Leute sollen lernen,
nach Kräften Gutes zu tun, wo es nötig ist,
damit ihr Leben nicht ohne Frucht bleibt.
Titus 3,14

Worte rufen bestimmte Assoziationen hervor. Wenn jemand Banane sagt, denken Sie vielleicht an Affen im Urwald. Wenn jemand Apfel sagt, dann fällt Ihnen vielleicht Apfelstrudel ein oder ein Kindergeburtstag mit Apfelsaft.

Woran denken Sie, wenn vom Fruchtbringen die Rede ist?

Wenn Gott an Frucht denkt, dann hat er die Dinge vor Augen, die Ihr Leben für die Ewigkeit hervorbringt. Aus der Anweisung, die Paulus seinem Mitarbeiter Titus in unserem heutigen Bibelvers gibt, können wir ersehen, was die Bibel meint, wenn sie von geistlicher Frucht spricht. Dieser Ausdruck wird praktisch als Synonym für gute Werke gebraucht. Nach biblischem Verständnis können wir Frucht definieren als ein gutes Werk, das Gott gefällt und das wir aus der richtigen Motivation heraus tun. Petrus ermahnte die frühen Christen, sie sollten ein Leben führen, das selbst diejenigen, die dem christlichen Glauben feindselig gegenüberstehen, dazu bringt, Gott die Ehre zu geben, wenn sie die guten Werke der Christen sehen (1. Petrus 2,11–12).

Frucht ist also nichts anderes als der Ertrag Ihres Lebens, der dazu führt, dass andere Menschen zum Herrn finden (Johannes 4,35–38). Doch nicht nur das. Ihre Frucht gibt anderen Christen wertvolle Anstöße und ermutigt sie (Römer 1,13). Auch praktische Hilfe oder materielle Gaben sind Frucht (Philipper 4,16–17). Und schließlich ist auch echte Anbetung Frucht (Hebräer 13,15). Frucht ist zuweilen auch der äußere Ausdruck dessen, was der Heilige Geist an unserem Charakter getan hat, um uns Jesus ähnlicher zu machen (Galater 5,22–23; Kolosser 1,3–8). Frucht ist somit jedes gute Werk in unserem Leben, das Gott Ehre macht (Titus 3,14).

Der große Unterschied zwischen irdischer und geistlicher Frucht besteht darin, dass geistliche Frucht Ihnen heute zugute kommt *und* darüber hinaus in Ewigkeit bleibt. Jesus fordert seine Jünger auf, Frucht zu tragen, die »bleibt« (Johannes 15,16).

Dennoch kann es geschehen, dass unser Leben weit hinter dem zurückbleibt, wozu wir eigentlich berufen sind. Unser ganzes Leben lang können wir uns unbewusst gegen das sträuben, was Gott für uns geplant hat, und dabei noch meinen, wir täten in seinen Augen genau das Richtige.

Sehen Sie, die natürliche Neigung einer Rebe ist es, *nicht* viel Frucht zu bringen. Ein Fachmann nannte das Wachstum der Weinrebe »wuchernd, austreibend und ungeordnet«. Überlässt man die Weinranke sich selbst, dann schlingt sie sich durch das Unterholz, über Steine hinweg und rankt jeden beliebigen Baumstamm hinauf, der sich ihr gerade in den Weg stellt. Dabei produziert sie nur äußerst spärliche Frucht, die noch dazu häufig bitter und daher ungenießbar ist.

Wird die Rebe jedoch kultiviert, dann sieht die Sache völlig anders aus. Eine einzige Rebe kann in einer Saison ohne weiteres sechzig große Bündel von saftigen, süßen Trauben hervorbringen. Ebenso kann das Leben eines einzigen Menschen durch Gottes Gnade zu einer Trophäe der Herrlichkeit Gottes werden.

Nehmen wir nur einmal das Leben des englischen Landpredigers John Bunyan. Er lebte im siebzehnten Jahrhundert und verbrachte um des Evangeliums willen zwölf Jahre seines Lebens im Gefängnis. Als man ihm unter der Bedingung, fortan nicht mehr zu predigen, die Freiheit bot, gab er zur Antwort: »Wenn ich heute aus dem Kerker freikäme, würde ich mit Gottes Hilfe morgen wieder das Evangelium predigen.« Bunyan ließ es zu, dass Gott die Jahre im Gefängnis gebrauchte, um seine Rebe zu kultivieren. Er schrieb »Der Weg des Pilgers«, einen Klassiker der geistlichen Literatur, der seit seiner Veröffentlichung Jahr für Jahr Tausende von Menschen Jesus näher brachte. Ein Leben, das für Gott Frucht trägt, bedeutete Bunyan mehr als seine Freiheit. Auf die Zeit im Gefängnis zurückblickend, sagte er viele Jahre später: »Als ich fruchtlos war, da kümmerte es mich nicht, wer mich lobte; als ich dagegen fruchtbar wurde, kümmerte es mich nicht mehr, wer mich verdammte.«

Beachten Sie, woran Bunyan seinen Erfolg maß. Es ging ihm nur darum, ob seine Bemühungen Frucht für die Ewigkeit hervorbrachten. Davon allein hing sein Erfolg ab. Er machte sich Gottes Plan für sein Leben zu Eigen. So bringt man geistliche Frucht hervor!

Wenn Sie heute Ihr Leben betrachten, wie sehr sind Sie darauf bedacht, einzig und allein Gottes Willen zu tun? Sind Sie bereit, sich Gott zu unterstellen und ihm in Ihrem Leben freie Hand zu geben, damit er in Ihrem Leben Frucht hervorbringt? Auch wenn Sie sich dadurch die Feindschaft anderer einhandeln?

Wenn dem so ist, dann sind Sie auf dem besten Wege, ein sinnerfülltes und dynamisches Leben zu führen, das unvorstellbare Mengen von herrlichen Früchten tragen wird.

Anregung für Ihr Tagebuch

Wie sehr wünsche ich mir wirklich, Frucht für Gott zu bringen? Wo kann ich heute bereits Anzeichen erkennen, dass mein Leben Frucht zur Ehre Gottes hervorbringt?

Das eine Gebot, das er uns als seinen Reben gibt,
ist dies, dass wir Frucht bringen.
So leben Sie, um andere zu segnen und vom Leben
und der Liebe in Jesus Zeugnis abzulegen.
Im Glauben und im Gehorsam widmen Sie Ihr ganzes Leben dem,
was Jesus uns zugedacht und aufgetragen hat –
dass wir Frucht bringen.
Bedenken Sie, dass Sie eben dazu erwählt sind,
und nehmen Sie diesen Auftrag aus seiner Hand an,
der uns selbst immer alles gibt, was er von uns fordert.

Andrew Murray

4. Tag

Dem Licht ausgesetzt?

Seine Geschöpfe sind wir,
in Christus Jesus dazu geschaffen,
in unserem Leben die guten Werke zu tun,
die Gott für uns im Voraus bereitet hat.
Epheser 2,10

Ich hatte einmal einen etwas merkwürdigen Gedanken – ich fragte mich, ob es wohl eine Möglichkeit gäbe, einen Elefanten zu optimieren. Doch so sehr ich auch darüber nachgrübelte, ich konnte beim besten Willen nichts finden, was einem Elefanten fehlte. Er ist genau so geschaffen, dass er in seinem Lebensraum überleben und gedeihen kann. Ich versuchte mich noch an einigen anderen Wunderwerken der Schöpfung – der Narzisse, dem Sonnenuntergang, dem Delfin, der Erdbeere. Ohne Erfolg. Plötzlich überkam mich die Erkenntnis: Wie sollte ich, der ich doch selbst ein Teil der Schöpfung bin, noch verbessern können, was mein Schöpfer selbst als etwas Vollkommenes geschaffen hat? Seine Schöpfung ist eine endlose Aneinanderreihung von Wundern.

Auch *Sie* sind ein Teil davon. Sie sind ein Geschöpf Gottes, von ihm gewollt und wertgeschätzt. Paulus bringt dies sehr schön zum Ausdruck, wenn er sagt: »Seine Geschöpfe sind wir, in Christus Jesus geschaffen« (Epheser 2,10). Sie sind jedoch nicht nur ein Meisterstück Gottes, Sie haben auch eine Bestimmung – Sie sind »geschaffen, [um] in Ihrem Leben die guten Werke zu tun, die Gott im Voraus für Sie bereitet hat« (Vers 10).

Können Sie sich selbst in dieser Weise sehen? Glauben Sie, dass Sie von Gott mit der ganz spezifischen Absicht geschaffen wurden, ein sinnerfülltes und bedeutungsvolles Leben zu führen? Das hoffe ich, doch ich kenne allzu viele Christen, die sich so nicht sehen. Sie tragen schwere Lasten mit sich herum – Scham, Selbstvorwürfe, seelische Verwundungen, Dinge, die sie erlebt oder unterlassen haben. Sie fühlen sich eher wie eine trostlose Jammergestalt, ein mieses kleines Etwas und nicht als ein einzigartiges Wunderwerk Gottes, das er in Jesus dazu bestimmt hat, große Dinge zu tun.

Vor einiger Zeit saß ich im Flugzeug neben Denny, einem überaus erfolgreichen Geschäftsmann, der früher einmal ein christlicher Jugendleiter gewesen war. Er war gerade auf dem Weg, um einen Vertrag über einen Auftrag mit einem Volumen von mehreren Millionen Dollar mit der NASA zu besiegeln. Tief in seinem Inneren jedoch fühlte er sich wie ein Versager. Er berichtete mir, dass seine dritte Ehe gerade vor einiger Zeit gescheitert sei. »Ich bin so weit weg von Gott und mein Leben ist ein einziges Chaos. Ich weiß nicht, ob ich aus diesem Sumpf jemals wieder herauskomme«, vertraute er mir tief betrübt an. »Glauben Sie, dass Gott mich jemals noch einmal gebrauchen kann?«

Ich antwortete ihm, dass es außerhalb seiner Macht stünde, Gottes Plan für ihn zunichte zu machen. »Gott ist gerade hier und jetzt dabei, Ihnen zu helfen, Ihre Zukunft wieder neu zu ergreifen.«

Vielleicht geht es Ihnen auch so, dass Sie den Kampf gegen die Sünde in Ihrem Leben längst aufgegeben haben und durch Schuld und Versagen gestrandet sind. Aber Sie sind noch lebendig in Christus. In Ihnen zirkuliert noch der Lebenssaft der Ewigkeit. Auch wenn eine Rebe in Christus abgeknickt wird, wird sie doch nicht absterben. Die Wachstumskräfte in ihr warten nur darauf, wieder hervorzubrechen. Sie werden vielleicht nie wieder so aussehen wie am Anfang, aber Sie sind nach wie vor in Christus Jesus geschaffen, um die guten Werke zu tun, die Gott im Voraus für Sie bereitet hat. Es gibt keinen Plan B. Es ist nach wie vor Gottes Absicht für Ihre Zukunft, dass Ihr Leben in atemberaubender Fülle erblüht.

Sie müssen es allerdings wollen.

Wenn Sie sich eher wie ein Fehlschlag und nicht wie ein Wunder der Schöpfung fühlen, dann wird Ihnen der Gedanke, dass Sie tatsächlich zur Ehre Gottes Frucht für die Ewigkeit bringen können – und dies sogar im Überfluss –, vollkommen abwegig erscheinen, darüber bin ich mir sehr wohl im Klaren. Sie sind nicht darauf eingestellt, dass das Leben etwas Derartiges für Sie bereithalten könnte, warum also überhaupt Vorkehrungen dafür treffen? Lieber Freund, es ist an der Zeit, dass Sie diese Gedanken als das erkennen, was sie in Wirklichkeit sind,

nämlich lähmender Unglaube, der sich wie eine düstere Wolke über Ihr Leben gebreitet hat und die Sonne der Kraft und Freude Gottes verhüllt.
Natürlich gibt es Sünde in Ihrem wie in meinem Leben. Natürlich sind wir zutiefst mangelbehaftet. Doch nur falscher Stolz oder ein verkehrtes Verständnis der Wesensart und der Kraft Gottes können uns von unserer Bestimmung entfremden. Wenn wir uns ihm in Demut und mit der Bereitschaft zur Umkehr nähern, dann nimmt Gott auf der Stelle den Faden in uns wieder auf und beginnt, seine Absichten mit unserem Leben Stück für Stück umzusetzen.
Vielleicht habe ich hier genau das zum Ausdruck gebracht, was Sie empfinden. Wenn dem so ist, dann habe ich eine Bitte an Sie: Lassen Sie es zu, dass Gott diese Wolke von Düsterkeit auflöst. Lassen Sie das Licht der Wahrheit auf Ihre Rebe scheinen. Und machen Sie sich auf kraftvolles Wachstum gefasst!
Es gibt drei Wahrheiten über das Fruchtbringen, die Sie sich jeden Tag neu vor Augen halten sollten:

- *Ich bin Gottes Geschöpf.*
- *Ich wurde in Christus Jesus geschaffen, um gute Werke zu tun.*
- *Gott hat ein sinnvolles und erfülltes Leben für mich geplant.*

Diese drei Aussagen können Ihr Leben von Grund auf verändern. Schreiben Sie sie auf. Denken Sie darüber nach. Machen Sie sie sich zu Eigen. In ihnen spiegelt sich wider, wie Ihr Leben nach Gottes Willen aussieht. Er wartet nur darauf, dass Sie dieses Leben auch wollen.

Anregung für Ihr Tagebuch

Wo gibt es diese »düsteren Wolken« in meinem Denken, die ich so schnell wie möglich hinter mir lassen muss, um das Licht Gottes, das das Leben in mir zur Entfaltung bringt, in mich aufnehmen zu können?

Ich danke Gott für meine Behinderungen.
Durch sie habe ich mich selbst, meinen Lebenszweck
und meinen Gott gefunden.
Helen Keller

5. Tag

Auf das Ergebnis kommt es an

Mein Vater wird dadurch verherrlicht, dass ihr reiche Frucht bringt und meine Jünger werdet.
Johannes 15,8

Stellen Sie sich vor, Sie wären in einem italienischen Dorf vor etwa vierhundert Jahren. Wie so viele Dörfer in Italien liegt es auf einem Berg. Es ist ein strahlender Herbsttag, wie geschaffen für das alljährliche Weinfest. Seit Menschengedenken hat man sich hier jedes Jahr, immer an einem Samstag in der Erntezeit auf dem Marktplatz zum Winzerwettbewerb versammelt. Der Ehrenpreis fällt jeweils demjenigen Winzer zu, der die meisten Trauben an einer einzelnen Rebe vorzuweisen hat.
Die Menge jubelt, als der erste Wettbewerber den Marktplatz betritt. Sein Lastesel trägt einen Korb, der bis oben hin mit Trauben gefüllt ist. Sie sehen, wie er seinen Korb auf eine große Waage hievt. »Ah! Bellissimo!«, rufen die Leute neben Ihnen.
Eine lange Reihe von Männern mit randvollen Körben folgt und die Menge nimmt jubelnd Anteil. Welch eine reiche Traubenlese dieses Jahr! Einige Winzer brauchen sogar einen zweiten Korb, um den Ertrag ihrer besten Rebe zu fassen. Das Ergebnis wird jedenfalls sehr knapp ausfallen.
Am Schluss kommt der weißhaarige Ernesto herein. Die Menge jubelt ausgelassen. Auf einmal wird es still. Der Packesel hinter ihm ist schwer beladen mit zwei Lastkörben, *beide* übervoll mit tiefblauen Trauben. Spontaner Applaus bricht aus. »Wie macht Ernesto das nur?«, ruft der Mann neben Ihnen.
Doch halt! Hinter dem ersten Esel kommt noch ein zweiter. Auch er trägt zwei volle Körbe, gefüllt mit Trauben!
Die Menge ist außer sich. Jung und Alt jubelt laut: »Magnifico! Ernesto ist Sieger! Das hat es noch nie gegeben!« Wie es scheint, braucht man keine Waage, um den diesjährigen Meisterwinzer zu ermitteln ...

Können Sie sich denken, warum ich Ihnen diese Geschichte erzähle? In jener Nacht im Weinberg zeigte Jesus unmissverständlich, womit wir Gott die Ehre geben. Nicht durch gute Vorsätze, letztlich auch nicht durch unser redliches Bemühen, sondern dadurch, wie viel Frucht unsere Rebe im Endeffekt tatsächlich hervorbringt. – »Mein Vater wird dadurch verherrlicht, dass ihr *reiche Frucht* bringt.«

Beachten Sie bitte, dass es um *»reiche«* Frucht geht. Es kommt Gott sehr wohl auf das Ergebnis an. Jede Rebe trägt ein bestimmtes Maß an Frucht und verherrlicht dadurch Gott. Am meisten Ehre macht ihm natürlich diejenige Rebe, die *reiche* Frucht trägt.

Überrascht es Sie, dass Gott sich auch für die *Quantität* der Frucht interessiert?

Im Sport oder im Geschäftsleben ist es ja ganz normal, dass es auf Ergebnisse ankommt. Im Hinblick auf das Glaubensleben jedoch macht es uns stutzig, so zu denken. Meiner Erfahrung nach sagen die allermeisten Christen so etwas wie: »Auf die Herzenshaltung kommt es an«, oder: »Das Entscheidende ist, dass ich mir ernsthaft Mühe gebe.«

Aber denken Sie nur einmal an das Gleichnis von den anvertrauten Talenten in Lukas 19,12–27. Als der Gutsbesitzer in dieser Geschichte nach Hause kommt und seine Diener zusammenruft, um Rechenschaft darüber abzulegen, wie sie ihre Geschäfte geführt haben, da erhielt derjenige den größten Lohn, der das Geld seines Herrn am meisten vermehrt hatte. In der Geschäftswelt ist dies eine ganz logische Konsequenz. Christen jedoch – das werden Sie sehr schnell feststellen – bringt dies enorm unter Druck.

Wenn Sie sich die Worte Jesu in Johannes 15 näher anschauen, dann wird Ihnen auffallen, dass hier von vier Ertragsstufen die Rede ist:

- Stufe 1: Keinerlei Frucht (»Jede Rebe an mir, die *keine Frucht bringt*«, Vers 2)
- Stufe 2: Frucht (»jede Rebe, die *Frucht* bringt«, Vers 2)
- Stufe 3: Mehr Frucht (»damit sie *mehr Frucht* bringt«, Vers 2)
- Stufe 4: Reiche Frucht (»der bringt *reiche Frucht*«, Vers 5, vgl. auch V. 8)

Was glauben Sie, auf welcher dieser Stufen Sie zurzeit stehen? Wenn der Herr des Weinberges Ihre Rebe dieses Jahr zu seiner Ehre abernten würde, wie hoch wäre der Ertrag für ihn? Hoch? Akzeptabel? Oder eher gering? Oder gäbe es womöglich gar nichts zu ernten?

Wenn Sie den Eindruck haben, dass Sie eher zu jenen Reben gehören, die durchaus noch einiges mehr an Frucht bringen könnten, dann möchte ich Ihnen ausdrücklich Mut machen! Gott ist es so wichtig, dass Sie ein ertragreiches Leben haben, dass er nicht müde wird, auf eine große Ernte zu seinem Ruhm hinzuarbeiten.

Das Geheimnis des Weinbergs, das Sie in den kommenden Wochen kennen lernen werden, wird Ihnen die Augen dafür öffnen, wie der Herr des Weinbergs in Ihrem Leben wirkt, um Sie Stufe für Stufe weiterzuführen. Wenn Sie erst einmal Ihren Teil der Verantwortung akzeptiert haben und bereit sind, mit Gott zusammen den Ertrag Ihres Lebens zu mehren, dann werden Sie sehr bald positive Auswirkungen sehen. Ihr Leben wird mehr und mehr im Glanz seiner Herrlichkeit erstrahlen und Gottes Namen in alle Ewigkeit rühmen.

Anregung für Ihr Tagebuch

Auf welcher Ertragsstufe kann ich mich derzeit einordnen? Auf welche Beobachtungen stützt sich diese Einschätzung?

Denn Gott ist es, der in euch
das Wollen und das Vollbringen bewirkt,
noch über euren guten Willen hinaus.
Philipper 2,13

6. Tag

Sichtbare Zeichen

Liebe Brüder, da ihr Fremde und Gäste seid
in dieser Welt, ermahne ich euch:
Gebt den irdischen Begierden nicht nach,
die gegen die Seele kämpfen.
Führt unter den Heiden ein rechtschaffenes Leben,
damit sie, die euch jetzt als Übeltäter verleumden,
durch eure guten Taten zur Einsicht kommen
und Gott preisen am Tag der Heimsuchung.
1. Petrus 2,11–12

Die allermeisten Männer und Frauen im Reich Gottes, die Gott in herausragender Weise gebraucht, können einen ganz bestimmten Tag in ihrem Leben benennen, an dem Sie sich ganz bewusst dazu entschlossen haben, zur Ehre Gottes zu leben.

Eines Tages an einem Sonntagnachmittag im Jahre 1951 setzten zwei junge Leute in einem kleinen Bungalow in Los Angeles ihre Unterschrift unter eine »Eigentumsübertragungserklärung«. Mit ihrer Unterschrift übertrugen sie all ihre Träume und Leidenschaften, ihre Gaben und Verpflichtungen, ihren Besitz und ihre Zukunft an Gott. Niemand war damals dabei, um diesen Akt zu bezeugen. Bill und Vonette Bright hatten auch keine Ahnung, was sich daraufhin alles ereignen würde. Doch Gott wusste es.

Fünfzig Jahre später waren aus der von ihnen begründeten Studentenarbeit *Campus für Christus* nicht weniger als sechzig verschiedene christliche Werke weltweit hervorgegangen, deren Arbeit in fast jeden Bereich der Gesellschaft hineinreicht. Von der Broschüre mit dem Titel *Kennen Sie die vier geistlichen Gesetze?*, die Dr. Bright verfasst hat, wurden über drei Milliarden Exemplare verteilt. Der von *Campus für Christus* produzierte Spielfilm »Jesus« wurde von 4 Milliarden Menschen in 233 Ländern gesehen. Über 121 Millionen Menschen sind dadurch zum Glauben gekommen.

Und alles begann mit einer Unterschrift ...

Wie viel Ihres Lebens haben Sie abgegeben, um Gott zu ehren? Da Sie dieses Buch lesen, nehme ich an, dass Sie wirklich daran interessiert sind, Gott zu dienen. Wir können Gott jedoch nicht mit Worten und Taten dienen, wenn nicht auch unser ganzes Sinnen und Streben ihm gehören. Wenn wir zum Beispiel ein Gefühl der Erfüllung und Freude empfinden, wenn wir in der Gemeinde mitarbeiten, dann heißt das noch nicht automatisch, dass wir Gott dadurch verherrlichen.

Wie können wir wissen, dass wir Gott wirklich Ehre machen und nicht nur einfach ein anständiges Leben führen? Es gibt eine einfache Faustregel:

Gott wird durch Ihr Leben verherrlicht, wenn ein außenstehender Betrachter – vor allem, wenn er selbst kein Christ ist – sieht, wie Sie Opfer bringen, um jemandem Gutes zu tun, und dann nicht umhin kommt zu sagen: »Gott sei Dank für das, was dieser Mensch getan hat! Was muss das für ein Gott sein, der Menschen zu so etwas befähigt!«

Jesus drückte es folgendermaßen aus: »So soll euer Licht vor den Menschen leuchten, damit sie eure guten Werke sehen und euren Vater im Himmel preisen« (Matthäus 5,16).

Haben Sie persönlich oder auch Ihre Gemeinde jemals ganz bewusst eine Aufgabe angenommen unter der Bedingung, dass lediglich zwei Voraussetzungen erfüllt waren: 1) Sie haben dafür keinerlei Gegenleistung zu erwarten (vielleicht nicht einmal einen freundlichen Blick); und 2) Das Ansehen Gottes steigt dadurch gewaltig. Wenn Sie mal eine Umfrage in Ihrer Nachbarschaft machen würden, wer Gott schon einmal dafür gedankt hat, dass es in der Stadt Christen gibt, dann würden Sie vermutlich von den allermeisten Menschen belächelt. Mich macht diese Tatsache immer wieder betroffen.

Vor einigen Tagen sprach ich mit Dr. Bright am Telefon. Obwohl er gesundheitlich schwer angeschlagen ist und am Sauerstoffgerät hängt, investiert er nach wie vor seine ganze Energie darein, der Welt Gott nahe zu bringen.

Ich erinnere mich noch gut an den Tag, an dem ich selbst den Entschluss gefasst habe, mein Leben darauf auszurichten, Frucht zur Ehre Gottes zu bringen. Welch ein gewaltiger Durchbruch das für mich war! Ich möchte Ihnen dringend ans Herz legen, dass Sie hier und

heute für sich ebenfalls eine Entscheidung treffen. Wenn Sie es in der Vergangenheit schon getan haben, dann bekräftigen Sie diesen Entschluss hier noch einmal. Nichts von dem, was in diesem Buch steht, wird für Sie irgendeinen Nutzen haben, solange Sie sich Gott nicht ganz hingegeben haben und alles daran setzen wollen, zu *seiner* Ehre zu leben.
Ich lade Sie dazu ein, folgendes Gebet zu sprechen:

O Gott, ich will, dass nur dein Wille in meinem Leben geschieht. Von heute an will ich Erfolg, Leistung und Erfüllung daran messen, was dir Ehre bringt. Ich übergebe dir mein Leben und bitte dich, dass du mich gebrauchst, um der Welt zu zeigen, was für ein herrlicher Gott du bist!

Anregung für Ihr Tagebuch

Schreiben Sie dieses Gebet in Ihr Tagebuch und setzen Sie Ihre Unterschrift und das heutige Datum darunter. Hängen Sie eine Abschrift davon an einem für Sie gut sichtbaren Ort auf. Eine weitere Kopie des Gebets tragen Sie immer bei sich.

Ein Christ sollte weniger einem Christbaum gleichen
als vielmehr einem Obstbaum.
All der glitzernde Christbaumschmuck ist dem Baum nur übergehängt,
die Früchte des Obstbaums hingegen sind am Baum gewachsen.
John Stott

7. Tag

Eine lebendige Trophäe

»Was kein Auge jemals sah und kein Ohr jemals hörte
und was sich kein Mensch vorstellen kann,
das hält Gott für die bereit, die ihn lieben.«
1. Korinther 2,9 (Hoffnung für alle)

Es war eine jener unglaublichen Geschichten, die sich für das Buch der Rekorde geeignet hätte, eine Geschichte, die über tausend Jahre hinweg von einer Generation zur anderen weitergegeben wurde. Jedes jüdische Kind wuchs damit auf. Es war die Geschichte, wie Mose zwölf seiner besten Krieger aussandte, um das verheißene Land zu erkunden, und wie sie schließlich bei ihrer Rückkehr eine fantastische Trophäe mitbrachten.

Es war eine Traube, die so groß war, dass es zweier Männer bedurfte, um sie zu tragen.

Sie denken, ich übertreibe? In der Bibel lesen wir: »Von dort kamen sie in das Traubental. Dort schnitten sie eine Rebe mit einer Weintraube ab und trugen sie zu zweit auf einer Stange« (Numeri 13,23). Diese gewaltige Traube sollte für das Volk Israel ein Zeichen dafür sein, dass Gott für seine Kinder nur das Beste vorgesehen hat und dass das immer größer war als alles, was sie sich in ihren kühnsten Träumen ausmalen konnten.

In unserem Leben kann Gott eine Ernte hervorbringen, die ebenso erstaunlich, beispiellos und offensichtlich übernatürlichen Ursprungs ist und von der man sich noch viele Generationen lang erzählt.

Nun, da Sie wissen, was echte Frucht ist (etwas, das Sie tun und das Gott Ehre einbringt), und da Sie sich davon überzeugt haben, dass es Gott durchaus auch auf die Ergebnisse unserer Bemühungen ankommt, können Sie nun möglicherweise zum allerersten Mal abschätzen, wie es um Ihre eigene Frucht bestellt ist. Gestern habe ich Ihnen die Frage gestellt, wie viel Ehre Sie Gott mit Ihrer Rebe machen.

Lassen Sie uns heute noch einmal einen Blick auf Ihren Korb werfen. Wie voll ist er?
Denken Sie einen Moment lang darüber nach und dann entscheiden Sie sich für eine der folgenden Antwortmöglichkeiten. Was sieht Gott, wenn er Ihr Leben anschaut?

- 1. Stufe: Gott sieht keine Frucht in meinem Leben.
- 2. Stufe: Gott sieht etwas Frucht in meinem Leben.
- 3. Stufe: Gott sieht einiges an Frucht in meinem Leben.
- 4. Stufe: Gott sieht viel Frucht in meinem Leben.

Wie geht es Ihnen, wenn Sie sich Ihre Antwort betrachten? Fühlen Sie sich ermutigt? Frustriert es Sie? Oder ist es Ihnen peinlich, dass Sie nicht mehr vorzuweisen haben?
Nehmen Sie sich noch ein wenig Zeit und beantworten Sie in Ihrem Tagebuch folgende Fragen:

- Warum haben Sie sich gerade so eingeschätzt? Geben Sie ein paar praktische Beispiele aus Ihrem Leben, an denen Sie festmachen, dass Sie Frucht bringen oder auch nicht.
- Was könnten Sie in Zukunft tun, um mehr Frucht zu bringen? Wenn Sie Ihre besonderen Talente und Begabungen betrachten, welchen Dienst würden Sie gerne tun, oder gibt es eine Aufgabe, von der Sie glauben, dass Gott Sie dafür vorgesehen hat?
- Wie motiviert sind Sie, zur nächsten Ertragsstufe vorzudringen? Welche Voraussetzungen müssen dazu erfüllt sein? Sind Sie bereit, diese Voraussetzungen zu erfüllen?

Ich hoffe, dass es mir diese Woche gelungen ist, in Ihnen den Wunsch zu wecken, dass Ihr Leben mehr Frucht für Gott trägt. In den kommenden Wochen werden wir uns damit beschäftigen, wie Gott Ihnen zu Hilfe kommt, damit Ihr Leben fruchtbarer und erfüllter wird.
Denken Sie daran, Gott hat für Sie viel mehr im Sinn, als das, was Sie heute erleben, viel mehr, als Sie sich aus heutiger Sicht auch nur vorstellen können. Sie sind eine einzigartige und wunderbare Rebe im

Weinberg Ihres Vaters und Sie wurden dazu geschaffen, ein Übermaß an Frucht zu bringen. So hat es Gott vorgesehen und er ist aktiv in Ihrem Leben am Werk, damit genau dies geschieht.

Wenn er Sie betrachtet, dann sieht er eine lebendige Trophäe zu seiner Ehre.

Anregung für Ihr Tagebuch

Herr, verändere mich durch die Wahrheit; selbst, wenn die Wahrheit für mich unbequem ist. Bitte benutze meine Reaktionen auf die Erfordernisse dieses Tages, um mich einem Leben, das dir Ehre gibt, näher zu bringen.

Wer im Vertrauen auf das Fleisch sät,
wird vom Fleisch Verderben ernten;
wer aber im Vertrauen auf den Geist sät,
wird vom Geist ewiges Leben ernten.
Lasst uns nicht müde werden, das Gute zu tun;
denn wenn wir darin nicht nachlassen,
werden wir ernten, sobald die Zeit dafür gekommen ist.
Galater 6,8–9

Lass mich dir das Opfer
meiner Gedanken und meiner Lippen darbringen,
doch zuvor bitte ich, dass du mir gebest,
was ich dir opfern kann.
Augustinus von Hippo

Festige meine Schritte,
wie du es verheißen hast.
Lass kein Unrecht
über mich herrschen!

Zweite Woche

Von liebevoller Hand ergriffen

Festige meine Schritte, wie du es verheißen hast.
Lass kein Unrecht über mich herrschen!

Psalm 119,133

8. Tag

Von der Unfruchtbarkeit zur Fülle

Mein Sohn, verachte nicht die Zucht des Herrn,
widersetz dich nicht, wenn er dich zurechtweist.
Wen der Herr liebt, den züchtigt er
wie ein Vater seinen Sohn, den er gern hat.
Sprichwörter 3,11–12

Rosie ist eine echte Karrierefrau, voller Energie und Tatendrang. Einmal erzählte sie mir von ihrer ersten »Karriere« als Erntehelferin während ihrer Teenagerjahre. »Wir schälten uns bei Tagesanbruch aus den Betten, um den Bus zu kriegen, der uns auf die Felder hinausbrachte. Dort schufteten wir für einen mickrigen Lohn bis zum Sonnenuntergang. Abends, als wir dann todmüde ins Bett fielen, konnten wir keine Beeren mehr sehen. Natürlich träumten wir die ganze Nacht von nichts anderem!«

»Wie lange dauerte denn deine Karriere als Beerenpflückerin?«, fragte ich sie.

»Nur etwa eine Woche«, sagte sie. Ich war überrascht. Wie sich herausstellte, gab es da ein Karrierehindernis namens Vince. »Er war einfach total süß«, erzählte Rosie, »und ich war damals einfach ein Teenie. Ich habe mehr Zeit damit zugebracht, ihm hinterherzujagen als Beeren zu pflücken. Eines Nachmittags bemerkte meine Chefin, dass mein Korb wieder einmal leer war. Das war's dann. Sie sagte: ›Rosie, du kannst morgen mal richtig ausschlafen. Für dich ist die Beerensaison vorbei.‹«

Ich kenne nicht wenige Erwachsene, die auch ein Lied davon singen können, wie es ist, wenn man in der Arbeitswelt eine Bauchlandung macht. Leider bleibt auch bei vielen Christen der Korb immer wieder leer.

Jesus sagte zu seinen Jüngern: »Jede Rebe an mir, die keine Frucht bringt, schneidet er ab« (Johannes 15,2). Bedenken Sie, dass Sie nicht automatisch Frucht bringen. Im Gegensatz zur Weinrebe können wir Christen uns entscheiden, keine Frucht zu tragen. Gab es bei Ihnen schon Tage oder Wochen oder gar Monate, in denen Sie sich entschlossen haben, so zu leben, dass Sie ohne Frucht für Gott bleiben? Wo auch immer auf der Welt ich diese Frage stelle, müssen die allermeisten zugeben, dass es schon solche Phasen der Unfruchtbarkeit in ihrem geistlichen Leben gegeben hat.

Was aber tut der Winzer, wenn eine Rebe in seinem Weinberg sich entschließt, keine Frucht zu bringen? Es ist ja keinesfalls sein Wille, dass wir fruchtlos bleiben. Heißt das »Abschneiden« im eben zitierten Vers, dass Gott wie ein barscher Vorarbeiter die Geduld verliert, uns aufgibt und auf den Müll wirft?

Mein Verständnis dieses Verses hat eine unverhoffte Korrektur erfahren, als ich einmal einem alten Weinbauern aus Kalifornien begegnet bin. Ich stellte ihm die Frage, wie es sein kann, dass einige Reben keine Frucht bringen. Er erklärte mir, dass es manchmal vorkommt, dass eine Rebe sich vom Spalier löst und auf dem Boden weiterrankt. Solche Reben sind von Staub und Schlamm bedeckt und werden schnell krank.

»Was tun Sie dann mit einer solchen Rebe?«, fragte ich weiter. »Schneiden Sie sie ab?«

»O nein!«, antwortete er. »Dazu ist eine Rebe viel zu wertvoll. Wir suchen die Reihen nach ihnen ab. Wenn wir eine Rebe entdecken, die am Boden liegt, dann heben wir sie vorsichtig auf, reinigen sie und binden sie wieder am Spalier fest. Es dauert nicht lange und sie gedeiht wieder prächtig.«

Daraufhin nahm ich mir den Bibeltext noch einmal vor und sah ihn auf einmal in einem völlig neuen Licht. Das griechische Verb *»airo«*, das im Allgemeinen mit »abschneiden« übersetzt wird, bedeutet eigentlich »wegnehmen« und kann genauso gut als »aufnehmen« oder »aufheben« verstanden werden. *Airo* ist auch das Verb, das Jesus benutzte, als er dem Lahmen sagte: »Steh auf, nimm deine Tragbahre und geh nach Hause!« (Matthäus 9,6)

Sehen Sie, was ich meine? Bei uns Christen ist Sünde wie Schmutz, der an uns klebt. Er macht unsere Rebe krank und verhindert, dass wir

Frucht bringen. Es betrübt Gott, wenn unsere Rebe verödet und unfruchtbar ist, nicht nur deshalb, weil wir ihm keinen Ertrag einbringen, sondern auch, weil wir selbst darunter leiden. Aber deshalb wird er uns nicht wegwerfen. Im Gegenteil. Er kniet sich neben Sie, reinigt Sie vorsichtig und hebt Sie wieder auf, damit Sie ein fruchtbares Leben führen, das Gott Ehre macht.

Dies ist das erste Geheimnis des Weinstocks: *Wenn wir willentlich in Sünde verharren, dann schreitet Gott ein, indem er uns motiviert, mit der Sünde aufzuhören und wieder fruchtbar zu werden.*

Die Bibel beschreibt dies als Erziehung oder Züchtigung. Ebenso gut könnten wir es aber auch »Liebe, die uns hochhebt und stützt« nennen.

Anregung für Ihr Tagebuch

Was empfinde ich bei dem Gedanken, dass Gott mich erziehen oder züchtigen könnte?

Den Weg zum Leben geht, wer Zucht bewahrt;
wer Warnung missachtet, geht in die Irre.
Sprichwörter 10,17

Der Mensch sehnt sich nach Glück, selbst dann,
wenn er so lebt, dass er sich dadurch alles Glück vereitelt.
Augustinus von Hippo

9. Tag

Johnny im Schlafanzug

So spricht der Herr, dein Erlöser, der Heilige Israels:
Ich bin der Herr, dein Gott, der dich lehrt, was Nutzen bringt,
und der dich auf den Weg führt, den du gehen sollst.
Hättest du doch auf meine Gebote geachtet!
Dein Glück wäre wie ein Strom und dein Heil
wie die Wogen des Meeres.
Jesaja 48,17–18

Mama und Papa haben den kleinen Johnny ins Bettchen gelegt und es sich vor dem Fernseher auf dem Sofa gemütlich gemacht. Da steht Johnny auf einmal in seinem Schlafanzug in der Tür. Nachdem Papa sich vergewissert hat, dass ihm auch nichts fehlt, schickt er ihn mit einer Ermahnung wieder ins Bett. Mama und Papa lassen sich wieder aufs Sofa sinken.

Es dauert keine fünf Minuten, da steht Johnny schon wieder an der Tür, den Daumen im Mund und den Teddy im Arm.

Diesmal bekommt er einen Klaps. In der nächsten Dreiviertelstunde wiederholt sich dieselbe Szene noch einige Male und der kleine Johnny muss eine ganze Reihe von Klapsen einstecken.

Warum begreift der Kleine nicht, dass es unangenehme Folgen hat, wenn er wieder aufsteht, obwohl er doch eigentlich schlafen soll?, fragen sich die ratlosen Eltern.

Offenbar versteht der Kleine etwas falsch. Fragt sich nur, was. Begreift er denn nicht, dass die Klapse etwas damit zu tun haben, dass er immer wieder aufsteht? Glaubt er vielleicht, dass Mama und Papa ihn das nächste Mal nicht bemerken werden? Oder findet er es einfach nur blöd, dass kleine Kinder um eine bestimmte Uhrzeit ins Bett gehen müssen?

Ich habe festgestellt, dass wir Christen oft erstaunlich viele Gemeinsamkeiten mit dem kleinen Johnny im Schlafanzug haben. Immer

wieder tappen wir in Schwierigkeiten, weil wir nicht sehen können – oder wollen –, dass zwischen unseren unvernünftigen Verhaltensweisen und der Tatsache, dass wir scheinbar ständig von Problemen heimgesucht werden, ein Zusammenhang besteht.
Ich möchte Ihnen kurz demonstrieren, was ich meine: Überall auf der ganzen Welt habe ich Menschen gebeten, mir ihre Einschätzung zu drei spezifischen Fragen zu geben, die offenkundig in einem engen Zusammenhang miteinander stehen. Im Folgenden gebe ich Ihnen die Antworten wieder, die ich erhielt:

- Wenn ich sie fragte, was sie glaubten, wie viel Prozent aller Christen wohl jeweils den einzelnen Ertragsstufen zuzuordnen sind, waren meine Zuhörer ganz überwiegend der Überzeugung, dass bis zu 65 Prozent aller Gläubigen überhaupt keine Frucht bringen – nicht eine einzige Traube.
- Die meisten Zuhörer bezweifelten darüber hinaus, dass Christen im Allgemeinen glauben, Gott würde seine Kinder aktiv züchtigen, wenn sie in die Irre gehen. Auf das Beispiel des Weinbergs übertragen bedeutet dies, dass die allermeisten Christen annehmen, der Winzer würde mit verschränkten Armen zusehen, wie seine Reben im Schlamm liegen und fruchtlos bleiben.
- Daraus ergibt sich ganz natürlich die letzte Beobachtung: Drei Viertel aller Christen stellen keine Verbindung her zwischen notorischer Sünde in ihrem Leben und persönlichen Schwierigkeiten, die sie erleben, bzw. den schmerzhaften Konsequenzen ihres Verhaltens.

Dies sind in der Tat ernüchternde Feststellungen. Wir wissen, dass Gott eine große Ernte will, zugleich stellen wir jedoch fest, dass die Mehrheit seiner Reben fruchtlos bleibt. So müssen wir schließen, dass Gott in der Tat sehr häufig züchtigend eingreift und dies vermutlich zunehmend tun wird.
Nehmen wir zum Beispiel Paul, einen Studenten, dem ich vor einiger Zeit begegnet bin. Er sagte zu mir: »Also, Bruce, ehrlich gesagt, glaube ich nicht, dass Gott mich wegen meiner anhaltenden Sünde irgendwie

streng anpacken würde.« Im Gespräch gab er dann jedoch zu, dass er sich mit seinem Leben in einer Abwärtsspirale befand und dass er sehr häufig betete, Gott möge doch eingreifen und seine schwierigen Lebensumstände und das Gefühlschaos in seinem Inneren beenden. Dabei verhielt er sich kaum anders als der kleine Johnny. Er stellte einfach zwischen seiner zunehmend belastenden Lebenssituation und Gottes Reaktion auf seine Sünde keine Verbindung her. Anstatt sein Verhalten zu ändern, betete Paul unermüdlich, Gott möge doch aufhören, ihm wegen seiner Sünde das Leben schwer zu machen. Wie Sie sich vorstellen können, führten seine Gebete zu keiner Änderung.

Erkennen Sie sich vielleicht auch in diesen Aussagen wieder? Sind die negativen Umstände und belastenden Gefühle, unter denen Sie leiden, in Ihren Augen Zufall, obwohl Sie doch eigentlich Erziehungsmaßnahmen Gottes in Ihrem Leben sind?

Wenn ja, dann ist es an der Zeit, aufzuwachen. In den kommenden Tagen werden Sie mehr darüber erfahren, wie Sie dem Ruf Gottes folgen und seinen Züchtigungsmaßnahmen entwachsen können, sodass eine neue Zeit der Fülle in Ihrem Leben anbricht. Sie können in Ihrem Leben kaum eine bessere Entscheidung treffen. Ein Freund erzählte mir, wie er die Zeit der Züchtigung erlebte: »Ich weiß, dass Gott keinen Gefallen daran hatte, wie ich mein Leben damals lebte. Und ich selbst war im Grunde auch unglücklich. Ich hatte einfach keinen Frieden in mir und mein Leben verlief völlig nutzlos. Was habe ich mir damals nur gedacht?«

Anregung für Ihr Tagebuch

Herr, bitte offenbare mir alles, was in mir verborgen liegt an falschen Annahmen, Verhaltensweisen und Haltungen, die mir für das, was du in meinem Leben tun willst, die Augen verschließen. Ich will erkennen und erleben, was du für mein Leben geplant hast.

Durch Disziplin werden Dinge in unserem Leben
auf ihren rechtmäßigen Platz verwiesen,
die uns eigentlich dienen sollten, die uns aber beherrschen.
Verfasser unbekannt

10. Tag

Wie Gott uns zurechtweist

Ihr habt die Mahnung vergessen, die euch als Söhne anredet:
Mein Sohn, verachte nicht die Zucht des Herrn,
verzage nicht, wenn er dich zurechtweist.
Denn wen der Herr liebt, den züchtigt er;
er schlägt mit der Rute jeden Sohn, den er gern hat.
Hebräer 12,5–6

Viele Leute sind unangenehm überrascht, wenn Sie hören, dass Gott uns züchtigt. *Warum sollte Gott mir weh tun wollen?,* so fragen sie sich. *Dabei dachte ich doch, dass Gott mich liebt!* Aus diesem Grunde ist es unerlässlich, das Wie und Warum der Zurechtweisung Gottes zu verstehen, damit wir im Weinberg Gottes zur vollen Blüte kommen können.

In unserer heutigen Bibelstelle aus dem Hebräerbrief finden wir dazu eine Reihe von Schlüsselprinzipien:

Die Zucht Gottes ist etwas ganz Persönliches. Sie ist individuell auf die jeweilige Person zugeschnitten. Wenn Sie Kinder haben, dann wissen Sie, dass eine Erziehungsmaßnahme, die bei dem einen Kind bereits den gewünschten Erfolg hat, bei einem anderen Kind möglicherweise noch nicht einmal ausreicht, um seine Aufmerksamkeit zu erregen. Der Winzer weiß genau, was jede einzelne Rebe braucht.

Die Zucht Gottes ist zielgerichtet. Es geht ihm immer darum, uns von der Sünde weg-, auf den Weg zur Fülle hinzudirigieren.

Die Zucht Gottes ist in ihrer Intensität, je nach Bedarf, abgestuft. Zu Anfang übt Gott nur wenig Druck aus. In der oben zitierten Bibelstelle finden wir drei Stadien der Intervention:

- Stadium 1 – *Ermahnung* (»wenn er dich zurechtweist«, Vers 5). Gott ist ein liebender Vater und es macht ihm keine Freude, uns in irgendeiner Weise weh zu tun. Deshalb gibt der Heilige Geist uns zuallererst eine deutliche Aufforderung: »Lass das sein, es missfällt mir, wenn du das tust.« Gott kann zu uns durch ein Bibelwort sprechen, durch eine andere Person, durch einen Stich in unserem Gewissen, aber auch durch eine direkte Eingebung des Heiligen Geistes.

Wenn wir jedoch nicht darauf eingehen, dann geht er zur nächsten Stufe über.

- Stadium 2 – *Korrektur* (»wen der Herr liebt, den züchtigt er«, Vers 6). Hier geraten wir unter zunehmenden inneren und äußeren Druck durch widrige Lebensumstände. Der Wind weht uns ins Gesicht. Unser geistliches Leben erlebt eine permanente Flaute. Gott versucht, uns von unserem unheilvollen Weg abzubringen, indem er uns Widerstände in den Weg stellt.

  Wenn wir dennoch stur bleiben und nicht auf Gottes Eingreifen eingehen, dann geht Gott noch einen Schritt weiter:
- Stadium 3 – *Strafe* (»er schlägt mit der Rute jeden Sohn, den er gern hat«, Vers 6). Hier setzt uns Gott traumatischen Erfahrungen aus, um uns zur Umkehr zu bewegen. Im Griechischen steht hier derselbe Begriff, der in den Evangelien im Zusammenhang mit der Geißelung Jesu, unmittelbar vor seiner Hinrichtung, gebraucht wird (Johannes 19,1). Es wird Sie vermutlich schockieren, wenn Sie lesen, »er schlägt mit der Rute jeden Sohn, den er gern hat«. Das heißt nichts anderes, als dass Sie als Christ mit Sicherheit schon einmal Gottes Rute zu spüren bekommen haben.

  Auf dieser Stufe der Rebellion leben Sie vermutlich in offener Sünde und missachten hemmungslos Gottes Willen für Ihr Leben. Sie haben sich weder Zurechtweisung noch Züchtigung zu Herzen genommen. Aus diesem Grunde greift Gott auf harte Maßnahmen zurück, um Ihre Aufmerksamkeit zu erregen. In 1. Korinther 11,17–32 spricht Paulus davon, dass Schwachheit, Krankheit und sogar Tod (Vers 30) über die Gemeinde gekommen sind, weil es unter den Gemeindegliedern beständige, schwerwiegende und mutwillige Sünde gab. Der Vater nimmt anhaltende Sünde in der Tat sehr ernst und er wird auf die Dauer mit Sicherheit nicht untätig zuschauen.

Lieber Leser, es ist mir sehr wohl bewusst, dass Worte wie *Ermahnung, Korrektur* und *Strafe* in unseren Ohren nicht angenehm klingen. So etwas verkauft sich nicht gut und wird Nichtchristen auch nicht gerade für den Glauben begeistern. Dennoch birgt Erziehung und Ermahnung in der Familie Gottes immer auch etwas zutiefst Hoffnungs- und Verheißungsvolles. Die innige Beziehung, die Gott zu uns hat, springt uns aus jedem Wort dieser beiden Verse entgegen: »Ihr habt die Mahnung vergessen, die euch als *Söhne anredet*«, heißt es da, und »er schlägt mit der Rute jeden *Sohn, den er gern hat*« (Vers 6).
Wenn Sie heute in schwerwiegenden Sünden festsitzen, dann will Ihr Vater in erster Linie, dass Sie damit aufhören. Damit beginnt dann das Leben, das Sie sich wirklich wünschen. Jede Minute des Tages wird Ihr Vater zu Ihnen sprechen wie zu einem Sohn und wie zu einer Tochter. Und er wird damit nicht aufhören, selbst, wenn er Sie hart anfassen muss.

Anregung für Ihr Tagebuch

Kann ich in meinem Leben eine Periode ausmachen, von der ich rückblickend sagen würde, dass Gott mich zurechtgewiesen, gezüchtigt oder mit der Rute geschlagen hat? Konnte ich damals schon Gottes Hand darin sehen?

Schlimme Strafe trifft den, der den rechten Pfad verlässt,
wer Zurechtweisung hasst, muss sterben.
Sprichwörter 15,10

11. Tag

Der vollkommene Zuchtmeister

An unseren leiblichen Vätern hatten wir harte Erzieher
und wir achteten sie. Sollen wir uns dann nicht erst recht
dem Vater der Geister unterwerfen und so das Leben haben?
Jene haben uns für kurze Zeit nach ihrem eigenen Gutdünken
in Zucht genommen; er aber tut es zu unserem Besten,
damit wir Anteil an seiner Heiligkeit gewinnen.
Jede Züchtigung scheint zwar für den Augenblick
nicht Freude zu bringen, sondern Schmerz;
später aber schenkt sie denen, die durch diese Schule gegangen sind,
als Frucht den Frieden und die Gerechtigkeit.
Hebräer 12,9–11

Chandra, eine Doktorandin aus Indien, erzählte mir einmal, dass es ihr jedes Mal, wenn sie die ersten Worte des Vaterunser hört, furchtbar übel wird. Sie empfindet eine große Liebe zu Jesus, aber es bereitet ihr allergrößte Mühe, an Gott als Vater zu denken. Von ihrem vierten Lebensjahr an bis zu der Zeit, als sie fünfzehn war und von zu Hause weglief, wurde sie von ihrem Vater sexuell missbraucht.

Es gibt so viele Menschen, die zu Hause unter äußerst zerstörerischen Bedingungen aufwachsen mussten. Ich denke da an Will, der von seinem Vater so sehr verprügelt wurde, dass er bis heute hinkt. Oder an Helen, für die jegliche elterliche Erziehung an jenem Tage aufhörte, als ihr Vater das Haus verließ und nie mehr wiederkam.

Begriffe wie »Erziehung« und »Zurechtweisung« werfen unweigerlich die Frage auf, wer unser Vater im Himmel überhaupt ist. Wie ist sein Wesen? Was sind seine Beweggründe? Was wissen wir über ihn? Können wir uns ihm wirklich rückhaltlos anvertrauen?

Der Autor des Hebräerbriefes wusste, dass unsere irdischen Väter bei weitem nicht vollkommen sind. Gott aber ist vollkommen. Wenn wir schon auf unsere irdischen Väter gehört haben, die mit Makel behaftet waren, sollten wir da unserem himmlischen Vater, der selbst vollkommen ist, nicht erst recht unsere ganze Achtung und Aufmerksamkeit schenken?

Ich möchte Ihnen heute eine Erkenntnis ans Herz legen, die Ihr Leben von Grund auf verändern kann: Gott ist der vollkommene Zuchtmeister. Wann immer er einschreitet, um Sie von Verhaltensweisen zu befreien, die Ihr Leben zerstören, dann handelt er voller Weisheit und Liebe; genauso, wie Sie es gerade brauchen. Lassen Sie mich noch ein wenig näher ausführen, was ich meine:

- Seine Methoden sind vollkommen. Gott wird seine Kinder niemals misshandeln oder uns in fahrlässiger Weise überfordern. Niemals wird er zu hart oder zu nachgiebig sein. Seine Möglichkeiten sind unbegrenzt. Wenn wir eine Gelegenheit zur Umkehr verpassen, dann kann und wird er eine neue schaffen.
- Seine Absichten sind vollkommen. Unser Vater verliert nie die Geduld. Er lässt niemals einfach seinem Zorn freien Lauf, um sein in die Irre gelaufenes Kind zu bestrafen. Es geht ihm nicht darum, uns irgendetwas mit gleicher Münze heimzuzahlen, und es erfüllt ihn auch nicht mit Genugtuung, wenn er uns züchtigen muss.
- Seine Hingabe an uns ist vollkommen. Gott wird uns so lange aktiv nachgehen, bis wir endlich anfangen, unsere Hausaufgaben zu machen. Unser Gehorsam ist ihm wichtiger als unsere – oder seine – Bequemlichkeit. Er wird uns selbst dann züchtigen, wenn wir es nicht für möglich halten oder ihm die kalte Schulter zeigen.

Das bedeutet freilich nicht, dass jedes Missgeschick, jede Enttäuschung, jeder Zweifel und jede Schwierigkeit von Gott herbeigeführt wurden. Wir leben in einer gefallenen Welt, in der wir nun einmal durch menschliche Ungerechtigkeit, Krankheit und Naturkatastrophen bedroht sind. Dennoch können wir der Bibel ganz klar entnehmen, dass Gott selbst das Leid benutzt, um unsere Aufmerksamkeit zu gewinnen.

Können Sie sich auf diese Sichtweise einlassen? In seiner Liebe bleibt unserem himmlischen Vater nichts anderes übrig, als in unser Leben

einzugreifen, wenn wir auf Verhaltensweisen beharren, die unser Leben ruinieren.
Ist uns das angenehm? Natürlich nicht.
Will Ihr Vater Ihnen Schmerzen und Unannehmlichkeiten bereiten? Nicht im Geringsten.
Wird Ihr Vater jemals aufhören, Ihnen das Beste, was er zu geben hat, anzubieten? Niemals – selbst dann nicht, wenn Sie sein Herz brechen!
Wenn Sie heute durch den Tag gehen, dann halten Sie sich folgende Wahrheiten über die Liebe Ihres Vaters vor Augen:

- *Mein Vater liebt mich.*
- *Mein Vater ist geduldig auf mein Bestes bedacht.*
- *Mein Vater wird mich niemals aufgeben.*

Bitten Sie Ihren Vater, dass er diese Wahrheiten über sein Wesen und seine Absichten für Ihr Leben tief in Ihrem Herzen verankert.

Anregung für Ihr Tagebuch

Welche Gefühle löst es in mir aus, wenn ich an Gott als meinen Vater denke? Sind mir diese Gefühle eher nützlich oder eher hinderlich, wenn ich Gottes Erziehungsmaßnahmen erlebe?

Jesus Christus aber, unser Herr, und Gott, unser Vater,
der uns seine Liebe zugewandt
und uns in seiner Gnade ewigen Trost
und sichere Hoffnung geschenkt hat,
tröste euch und gebe euch Kraft zu jedem guten Werk und Wort.
2. Thessalonicher 2,16–17

12. Tag

Altlasten

Erschaffe mir, Gott, ein reines Herz
und gib mir einen neuen, beständigen Geist!
Psalm 51,12

Wissenschaftler sagen, dass die allermeisten Chemieabfälle auf der Welt schlussendlich in der Erde vergraben werden. Wenn diese Gifte einmal in den Boden gelangen und das Grundwasser verseuchen, kann daraus ein enormer Schaden für uns alle entstehen. Die Vergiftung kann Jahrzehnte, ja sogar Jahrhunderte andauern.

Wir alle bringen Altlasten aus unserer Vergangenheit mit in unsere Beziehung zu Jesus. Ich meine damit destruktive Verhaltensweisen, Fehlhaltungen und ungelöste Konflikte. Häufig versuchen wir, unsere alte Sünde wie Giftmüll irgendwo zu vergraben, in der Hoffnung, dass sie tief genug lagert, damit sie uns nicht mehr belästigt und niemand sie bemerkt, und dass sie sich irgendwann einfach in Luft auflöst.

Leider geht das nicht so einfach. Mit der Zeit werden andere Bereiche unseres Lebens verseucht, oft in ganz unerwarteter Weise. Wir haben Mühe in unseren Beziehungen zu anderen. Das Gemeindeleben bringt uns scheinbar nichts. Die Bibel sagt uns nichts mehr. Unser geistliches Leben ist wie gelähmt. Vielleicht haben wir auch gesundheitliche Schwierigkeiten. Es scheint uns irgendwie nicht vergönnt zu sein, Frucht für Gott zu bringen, und wir wissen einfach nicht, warum.

Ich erinnere mich noch gut daran, wie ich vor vielen Jahren, mit Ende zwanzig, einmal im Süden Oregons auf einem Hügel saß. Die Morgensonne schien freundlich über herrlich gepflegte Obstgärten mit Birnbäumen. Es war ein herrlicher Ort, doch ich erlebte damals gerade ein Tief in meiner Beziehung zu Gott. Seit einiger Zeit hatte ich das Gefühl, dass sich in meinem persönlichen Leben und in meiner Arbeit für Gott nichts tat. An jenem Morgen betete ich: »Herr, wenn es in meiner Vergangenheit irgendetwas gibt, das unsere Beziehung behindert, dann lass mich das bitte wissen.«

Ich zog einen großen Notizblock heraus und begann, alles aufzuschreiben, was mir in den Sinn kam. Nach einiger Zeit hatte ich annähernd vier DIN A4 Seiten gefüllt und war immer noch nicht fertig. Es war die längste Liste von persönlichen, unerledigten Angelegenheiten, die ich jemals gesehen hatte.

Ist es Ihnen auch schon einmal so ergangen? Wenn ja, dann können Sie sicher auch nachempfinden, dass sich in mir danach sehr rasch ein Wall von Vorbehalten, Ängsten und Rationalisierungen auftürmte, der mich davon abhalten wollte, die Dinge anzugehen, denen ich da auf die Spur gekommen war.

Mit Gottes Hilfe jedoch blieb ich dran. Ich machte ein paar Telefonanrufe, in denen ich einigen Leuten mein Versagen ihnen gegenüber bekannte, bat um Vergebung und erfüllte einige alte Versprechungen. Nach einiger Zeit waren alle Altlasten beseitigt und ich erlebte eine tiefe Befreiung. Mein Herz fühlte sich sauber an, meine Seele konnte aufatmen und in meinem geistlichen Leben machte ich einen großen Satz nach vorne.

Mein Freund Chuck Colson sagte einmal: »Eins der großen Märchen des Christentums ist wohl, dass ein Mensch, wenn er erst einmal bekehrt ist, nie wieder eine Sünde begeht. Die Realität sieht jedoch in aller Regel völlig anders aus. Wir kämpfen einen nahezu aussichtslosen Kampf. Es ist so, als würden wir versuchen, einen Hang hinaufzulaufen, der mit Schmierseife eingeschmiert ist – es geht ein paar Schritte voran, doch danach schlittern wir gleich wieder zurück.«

Der Winzer steht jeden Tag bereit, um uns von unseren verrotteten Altlasten zu befreien, die unsere Seele vergiften und ein Leben in Fülle verhindern.

Warum also noch warten?

Wenn Sie bereit sind, sich zu regen, dann ist der Heilige Geist bereit, Sie in Ihrem Entschluss zu segnen und Sie in übernatürlicher Weise zu stärken (siehe Philipper 2,13). Nehmen Sie einen Notizblock zur Hand und bitten Sie Gott, Ihnen zu zeigen, wo in Ihrem Leben noch Altlasten verborgen liegen, die Ihr Leben unfruchtbar machen. Schreiben Sie alles auf. Dann bekennen Sie Gott nacheinander jede einzelne Sünde und beginnen Sie damit, auch andere um Vergebung zu bitten

und gestörte Beziehungen wieder in Ordnung zu bringen, soweit es an Ihnen liegt.
Wenn wir dem Drängen Gottes in einem bestimmten Lebensbereich nachgeben, dann geschieht etwas Erstaunliches: Die Zurechtweisung Gottes endet *umgehend*. Unser Vater, der uns genau beobachtet und nur auf diesen Moment gewartet hat, läuft uns mit ausgestreckten Armen entgegen. In seiner Hand hält er saubere Kleider für das Fest, das er zu unseren Ehren feiern will. (Lesen Sie nach, wie der Vater im Gleichnis vom verlorenen Sohn in Lukas 15,11–32 die Rückkehr seines Kindes feiert.)
Ich kann Ihnen versichern, dass Sie sich im Nachhinein fragen werden, wie Sie sich durch einen Haufen alten Müll so lange davon abhalten lassen konnten, endlich einen Neuanfang zu machen und die Freude Ihres himmlischen Vaters zu erleben.

Anregung für Ihr Tagebuch

Herr, zeige mir, welche Sünden mich davon abhalten, Frucht für dich zu bringen. Bitte hilf mir, diese Dinge in Ordnung zu bringen ...

Wenn Ihre Beziehung zu Gott in Ordnung ist,
dann steht Ihnen ein Leben in Freiheit und Freude offen;
sie sind im Willen Gottes.
Oswald Chambers

13. Tag

Hier wenden!

Die gottgewollte Traurigkeit verursacht nämlich Sinnesänderung zum Heil, die nicht bereut zu werden braucht; die weltliche Traurigkeit aber führt zum Tod.
2. Korinther 7,10

Sie können sich Gottes Zurechtweisung wie Verkehrsschilder an Ihrem Lebensweg vorstellen. Einige davon sind einfach Warnhinweise. Andere sind Gebotsschilder. Manche Schilder sind mit Blinklichtern und beleuchteten Richtungspfeilen versehen, damit sie nur ja nicht übersehen werden.

Jede göttliche Zurechtweisung, ob sie sanft oder mit großem Nachdruck erfolgt, enthält lebenswichtige Informationen für uns. Diese Botschaften dienen, geistlich ausgedrückt, dazu, uns zur Buße zu führen – zu einer Änderung unseres Sinnes und unserer Zielrichtung, weg von der Sünde, hin zu Gott. Für uns Christen ist dies das wichtigste Wendemanöver überhaupt.

Vor drei Tagen beschäftigten wir uns mit den unterschiedlichen Stadien göttlicher Intervention. Heute möchte ich Ihnen zwei Führungspersönlichkeiten aus der Bibel vorstellen, die ganz unterschiedlich auf die Wegweiser Gottes in ihrem Leben reagierten. Jeder der beiden hatte bereits einiges an Frucht für Gott gebracht und kam nun an einen Wendepunkt seines Lebens. Einer von beiden entschloss sich, die Hinweisschilder Gottes zu missachten, und bezahlte einen hohen Preis dafür, der andere kehrte um und erlebte einen wunderbaren Durchbruch.

Führungspersönlichkeit Nr. 1: Von einem Mann Gottes, der die Zurechtweisung des Herrn ausschlug.

König Asa war ein Urenkel Davids. Von klein auf liebte er Gott und diente ihm, obwohl seine Eltern ihn missachtet hatten. Asa war ein guter König, der viele Reformen durchsetzte. In den späteren Jahren seiner Regentschaft jedoch begann er, seinen Verbündeten mehr zu

vertrauen als Gott. Als ein Prophet kam, um ihn zu warnen, warf er ihn voller Zorn ins Gefängnis.
Von diesem Moment an hatte seine gesegnete Regentschaft ein Ende und er bekam darüber hinaus schwerwiegende gesundheitliche Probleme (nachzulesen in 2. Chronik 16,10–13).
Beachten Sie die Etappen von Asas Niedergang: Zunächst verschmähte er Gottes Zurechtweisung. Anstatt die Züchtigung Gottes anzunehmen, strafte er andere (Vers 10); schließlich weigerte er sich selbst dann noch umzukehren, als Gott ihn im bildlichen Sinne »mit der Rute schlug«. In der Bibel lesen wir: »Aber auch in der Krankheit suchte er nicht den Herrn« (Vers 12). Am Ende starb Asa einen schmerzvollen Tod.
Welch ein tragisches Ende dieses Lebens, das doch eigentlich so viel versprechend begonnen hatte!

Führungspersönlichkeit Nr. 2: Von einem Mann Gottes, der die Zurechtweisung des Herrn annahm.
König Joschija war ein Nachfahre Davids. Von klein auf liebte er Gott und diente ihm, obwohl seine Eltern und Großeltern ihren Gott missachtet hatten. Er war ein guter König, der viele Reformen durchsetzte. (Kommt Ihnen das bekannt vor?) Während der Renovierungsarbeiten am Tempel fanden seine Arbeiter »im Haus des Herrn das Gesetzbuch« (2. Könige 22,8). Sogleich ließ er es sich vorlesen.
Tief erschüttert, wie weit sein Volk von Gottes Wort abgefallen war, brach der König in Tränen aus, zerriss seine Kleider und tat Buße. Er rief die führenden Männer des Landes zusammen, dass auch sie das Gesetz Gottes hörten. Dann verpflichtete er sich vor aller Ohren dazu, dem Herrn von ganzem Herzen nachzufolgen.
Was war die Folge? Gott ließ Joschija durch einen Propheten wissen: »Durch die Worte, die du gehört hast, wurde dein Herz erweicht. Du hast dich vor dem Herrn gedemütigt, als du vernahmst, was ich [...] gesprochen habe [...] Darum habe ich dich gehört« (2. Könige 22,18 f.). Dies war der Beginn einer Erweckung von nationalem Ausmaß. Joschijas Regentschaft wurde zu einem der Höhepunkte in der Geschichte Israels.

Durch seine umgehende Reaktion auf die allerersten Warnhinweise machte er der Zurechtweisung Gottes ein Ende und erfuhr dadurch gewaltigen Segen.

Nehmen Sie sich einen Moment Zeit, um zu überlegen, welche Hinweisschilder Gott Ihnen gerade in den Weg stellt. Wenn Sie sich nicht mehr ganz sicher sind, wie Sie die einzelnen Stufen der göttlichen Intervention auseinander halten können, dann schauen Sie noch einmal am Tag 10 nach.

Wenn Gott Sie gerade eindrücklich ermahnt, dann rate ich Ihnen dringend, genau hinzuhören und das zu tun, von dem Sie wissen, dass es das Richtige ist. Sie können nur verlieren, wenn Sie noch länger warten.

Wenn Sie gerade in einer Phase der Korrektur oder Züchtigung sind, dann haben Sie Gott bereits zu lange hingehalten und dafür völlig unnötige Konsequenzen erdulden müssen. Die Belastungen und Widerstände, die Sie erleben, sind ein dringender Appell Gottes an Sie, Ihrer Sünde den Rücken zu kehren, bevor sie noch drastischere Konsequenzen nach sich zieht.

Wenn Sie im Moment im übertragenen Sinne Rutenschläge erdulden, dann möchte ich Sie Folgendes fragen: Warum sind Sie eigentlich so stur, dass Sie an dieser andauernden, schwerwiegenden Sünde festhalten? Haben Sie sich einfach daran gewöhnt zu sagen: »So bin ich eben!« Oder denken Sie, dass Gott Sie längst aufgegeben hat? Wenn ja, dann nehmen Sie sich lieber in Acht! Es ist gut möglich, dass Sie sich noch auf einige harte Schläge gefasst machen müssen. Ich bitte Sie inständig: Kehren Sie um!

Buße tun heißt, dass wir umkehren und Gottes Willen für unser Leben wieder ernst nehmen. Diesen Schritt kann uns niemand abnehmen. Dies ist immer der erste Schritt hin zu einem Leben in Fülle, wie Gott es für uns geplant hat.

Anregung für Ihr Tagebuch

Kann ich mich an eine Zeit erinnern, in der ich über meine Sünde so betroffen war, dass ich geweint habe? Wie fühlte es sich an, als ich Buße für meine Vergehen getan hatte? Was hält mich möglicherweise davon ab, hier und heute meine Sünde zu bekennen?

Ich fege deine Vergehen hinweg wie eine Wolke
und deine Sünden wie Nebel.
Kehr um zu mir; denn ich erlöse dich.
Jesaja 44,22

Bringt Früchte hervor, die eure Umkehr zeigen ...
Lukas 3,8

14. Tag

Gottes Überraschungen

Als es schon Morgen wurde, stand Jesus am Ufer.
Doch die Jünger wussten nicht, dass es Jesus war.
Jesus sagte zu ihnen: Meine Kinder, habt ihr nicht etwas zu essen?
Sie antworteten ihm: Nein. Er aber sagte zu ihnen:
Werft das Netz auf der rechten Seite des Bootes aus
und ihr werdet etwas fangen. Sie warfen das Netz aus
und konnten es nicht wieder einholen, so voller Fische war es.
Johannes 21,4–6

Sie haben sich nun eine Woche lang damit befasst, wie Gott uns, die »Weinreben«, im übertragenen Sinne »aus dem Dreck« hebt, wie er uns also dazu bewegen will, einen Schlussstrich unter jene Sünden zu ziehen, die unsere Beziehungen sowie unsere Fähigkeit, Frucht zu bringen, in Mitleidenschaft ziehen.

Allein die Tatsache, dass Sie den Mut gehabt haben, sich diesem Thema Tag für Tag auszusetzen, zeigt schon etwas über Sie: Sie macht deutlich, dass Sie wirklich einen Hunger nach Gott in Ihrem Herzen haben, und dass Sie es nicht zulassen wollen, dass Ihre Sünden – selbst diejenigen, mit denen Sie am allermeisten zu kämpfen haben – Sie davon abhalten, nach dem Besten zu streben, das Gott für Ihr Leben bereithält.

Es ist wichtig, dass Sie sich das vor Augen halten, denn es stimmt wirklich. Vor Ihnen liegt eine viel versprechende Zukunft im Weinberg Ihres Vaters. Auch Petrus war tief in seinem Herzen entschlossen, Jesus zu folgen, selbst dann noch, als er Jesus jämmerlich im Stich gelassen hatte ...

Er bewies dies mit einem kühnen Sprung ins Wasser.

Sie erinnern sich sicher an die Begebenheit in Johannes 21,1–19. Nach der Kreuzigung waren Petrus und einige andere Jünger wieder zur Fischerei zurückgekehrt. Es war frühmorgens am See. Möwen kreischten im Schilf am Ufer. Die Boote knarrten und schlugen, von den Wellen bewegt, aneinander, während die Männer sich an den tropfenden Netzen zu schaffen machten. Nur von Fischen war keine Spur.

Die Netze des Petrus waren leer – diejenigen, die er in seiner Hand hielt, aber auch seine geistlichen Netze. Er gehörte zwar in seinem Herzen noch zu Jesus, aber seine Sünde machte ihn fruchtlos. Er hatte die Menschenfischerei aufgegeben und angelte nun wieder nach Fischen. Um es in den Begriffen unseres Bildes vom Weinberg auszudrücken – seine Rebe lag am Boden und war voller Mehltau. Wir wissen auch warum. Erst wenige Tage zuvor hatte er sich von seiner Furcht übermannen lassen und seinen Herrn verleugnet.

Nehmen Sie sich einmal einen Moment Zeit, darüber nachzudenken, wie Jesus auf Petrus reagierte. Man sollte meinen, dass ein solch jämmerlicher Verrat eine härtere Strafe erfordern würde. Doch als die Männer schließlich ihre Netze voller Fische eingeholt hatten, da lud Jesus sie zu einem Frühstück ein. Nach dem Frühstück wies Jesus Petrus in überaus sanfter Weise zurecht. Er stellte ihm nur eine Frage: »Liebst du mich?« (Verse 15–17)

Mich erinnert diese Szene auf ergreifende Weise daran, wie Gott uns in seiner Barmherzigkeit immer wieder überrascht, nämlich auf die folgenden zwei Arten:

- *Gott weist uns nicht bei jeder Sünde zurecht.* Als Eltern schreiten wir auch nicht gleich bei jedem kleinen Fehltritt ein, sondern nur, wenn wir merken, dass sich in unserem Kind eine negative Haltung oder Angewohnheit verfestigt. Ebenso lauert Gott nicht auf jede Gelegenheit, uns zu züchtigen, wenn wir Fehler machen.
- *Wenn wir gesündigt haben, dann züchtigt Gott uns oft nicht direkt, sondern er gibt uns Zeit, von uns aus Buße zu tun.* Manchmal beten wir sogar: »Herr, bitte hab Geduld mit mir. Gib mir Zeit umzukehren!«

Diese »barmherzigen Überraschungen«, die uns Gott immer wieder bereitet, dienen einem wunderbaren Zweck: Die Bibel sagt, Gott ist

»geduldig mit euch, weil er nicht will, dass jemand zugrunde geht, sondern alle sich bekehren« (2. Petrus 3,9).
Im Hinblick auf die Wiedereinsetzung von Petrus schreibt Roy Hicks (jun.) in seinem Buch *A Small Book About God*: »Es bricht uns das Herz, wenn uns die Erkenntnis übermannt, dass wir ihn wirklich aufrichtig lieben, obwohl wir so unsäglich an ihm schuldig geworden sind. Und am Ende stellen wir fest, dass er gar kein Wort über unsere Schuld verliert. Alles, was er sieht, ist unsere Liebe zu ihm.«
Wie tief berührt sind wir, wenn wir nach einer Zeit der Ermahnung und der Zurechtweisung feststellen, dass Gott so viel liebevoller und großzügiger ist, als wir es jemals zu träumen gewagt hätten, und dass wir in der Tat nichts lieber tun wollen, als seinem Willen für unser Leben zu folgen!
Lassen Sie uns zum Ende dieser zweiten Woche ein paar Minuten nehmen, um unsere Gedanken vor den Vater zu bringen. Schauen Sie auf Ihre Phasen der Rebellion zurück. Bitten Sie ihn um Vergebung für die Fehlentscheidungen, mit denen Sie Gott weh getan haben. Danken Sie ihm für seine beständige Güte und seine unerschütterliche Entschlossenheit, für Ihr Wohlergehen zu sorgen. Sagen Sie Gott, dass Sie ihm zu seiner – und zu Ihrer – Freude dienen wollen.
Und freuen Sie sich auf das, was Gott noch an Überraschungen für Sie bereithält, wenn erst einmal die Zeiten der Beschneidung kommen.

Anregung für Ihr Tagebuch

Wie reagiere ich, wenn ich merke, dass ich sündige? Tue ich Buße oder laufe ich vor Jesus davon? Was könnte sich daran ändern, wenn ich die Barmherzigkeit Gottes erfahre und wirklich an mein Herz heranlasse?

Gottesfurcht ist der Anfang der Erkenntnis,
nur Toren verachten Weisheit und Zucht.
Sprichwörter 1,7

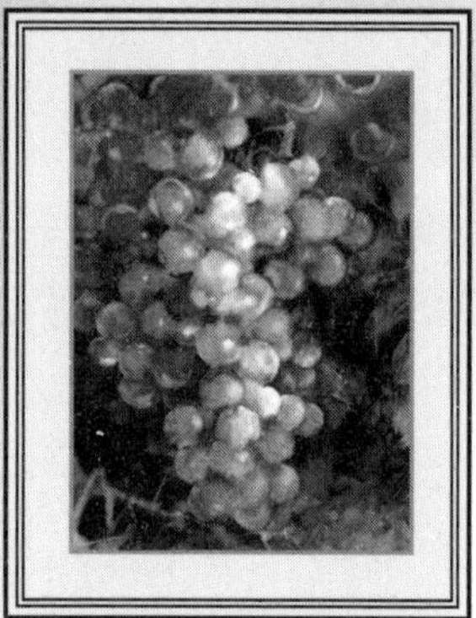

Gottes Hand
kann nicht anders,
als alles, was sie berührt,
wunderbar zu formen.

Dritte Woche

Nur das Beste ist gut genug

Gottes Hand kann nicht anders,
als alles, was sie berührt, wunderbar zu formen.

George MacDonald

15. Tag

Raum für mehr

Ich bin der wahre Weinstock und mein Vater ist der Winzer.
... jede Rebe, die Frucht bringt, reinigt er,
damit sie mehr Frucht bringt.
Johannes 15,1–2

»Einen Tag, bevor ich Ihr Buch *Das Geheimnis des Weinstocks* kaufte, war ich in meinem Garten und betrachtete mir eine Weinranke«, so las ich kürzlich in einem Brief, den mir eine Frau namens Hazel aus Kalifornien geschrieben hatte. »Ich habe diesen dämlichen Weinstock nun schon seit zehn Jahren gegossen und mich immer wieder gefragt, warum wir bislang nie irgendwelche essbaren Trauben geerntet haben, obwohl doch die Ranken immer so voller Saft und Kraft zu sein schienen. Wir haben sie freilich nie zurückgeschnitten. Ihr Buch kam gerade zum rechten Zeitpunkt.«

Können Sie die Verwunderung nachvollziehen, die diese Leserin da beschreibt? Ich schon. So oft ist gerade das Gute der Feind des Besten und ein volles Leben steht leicht einem wirklich erfüllten, fruchtbaren Leben im Wege.

Diese Woche werden wir sehen, wie Gott uns zu echter geistlicher Fülle führt. Es geht nun nicht mehr in erster Linie darum, Sünde aus dem Weg zu schaffen, sondern unsere Frucht zu vermehren. Jesus nannte diesen Vorgang »Reinigen«.

Wer auch nur ein bisschen von Gartenbau versteht, der weiß, dass damit nichts anderes als das Beschneiden der Pflanze gemeint ist. In einem Gartenbuch lese ich folgende Definition: »›Beschneiden‹ ist das planvolle Entfernen von ungewollten Ästen an der Pflanze«. Der Gärtner schneidet unnötige Zweige und Schößlinge weg; er entfernt Knospen, um das Wachstum der Pflanze in eine bestimmte Richtung zu lenken, und er entfernt überschüssige Frucht, um am Ende weniger, aber dafür größere Früchte zu erhalten.

Und das Ergebnis? Die Pflanze bringt das gewünschte Wachstum hervor.

In unserem geistlichen Leben ist Beschneidung ein anhaltender Vorgang, der sich im Rahmen einer engen und vertrauensvollen Beziehung zu unserem himmlischen Winzer abspielt. Bei der Beschneidung lädt uns Gott immer wieder ein, unbedeutende Beschäftigungen sein zu lassen und uns nach unserem vollen Potential und unserer eigentlichen Bestimmung auszustrecken. Immer wieder kommt er zu uns, um unsere Rebe zu pflegen, damit wir noch weit über die Dinge hinauswachsen, die wir bereits hier und heute gut können. Deshalb können wir uns voller freudiger Erwartung darauf einlassen!

Ich habe dies als das zweite Geheimnis des Weinstocks bezeichnet: *Wenn Ihr Leben bereits einiges an Frucht trägt, dann wird Gott immer wieder eingreifen, um Sie zu beschneiden, damit Sie noch mehr Frucht bringen.*

Da jede Rebe in Christus beschnitten wird, wissen wir, dass dies die ganze Familie Gottes betrifft. Hier einige der Bereiche, in denen Gott im Allgemeinen mit seiner Beschneidung ansetzt:

- falsche Prioritäten
- Bindungen, die uns niederdrücken
- Wertvorstellungen, die bislang akzeptabel gewesen sein mögen, die jedoch inzwischen revidiert werden müssen
- Geschäftigkeit, die zwar einiges zu Wege bringt, dabei jedoch am Wesentlichen vorbeigeht
- Beziehungen, die uns mehr schaden, als dass Sie uns weiterbringen

Lieber Leser, wenn wir uns in dieser Woche die Frage stellen, was Gott möglicherweise aus Ihrem Leben »herausschneiden« will, dann sollten Sie immer eines im Auge behalten – so überraschend es auf den ersten Blick erscheinen mag: *Was sich wie ein Verlust anfühlt, ist in Wirklichkeit ein Gewinn.*

Manchmal haben Sie den Eindruck, dass die Dinge, die Gott Ihnen da abverlangt, seinem Wesen und allem, was er Ihnen verheißen hat, zu widersprechen scheinen. Doch das genaue Gegenteil trifft zu: Gott ist in Ihnen am Werk, um Sie zu dem Leben zu führen, um das Sie ihn gebeten haben und das er Ihnen gerne schenken will. Er will Ihnen

den Einfluss und die Bedeutung geben, die er Ihnen eigentlich zugedacht hat.
Durch Beschneidung schafft Gott in Ihrem Leben Raum für die Dinge, auf die es wirklich ankommt. Wenn Sie sich darauf einlassen, dann werden Sie noch oft verwundert den Kopf schütteln, nicht etwa darüber, wie Sie nur so viel zurücklassen konnten, sondern darüber, wie reichlich Gott Sie daraufhin mit Frucht beschenkt hat.

Anregung für Ihr Tagebuch

Wo will Gott mir heute möglicherweise »mehr« geben? Wo brauche ich es am dringendsten?

Unser himmlischer Vater nimmt seinen Kindern
niemals etwas weg,
ohne ihnen zugleich etwas weitaus Besseres zu geben.
George Müller

Darum beten wir auch immer für euch, dass unser Gott
euch eurer Berufung würdig mache
und in seiner Macht allen Willen zum Guten
und jedes Werk des Glaubens vollende.
So soll der Name Jesu, unseres Herrn,
in euch verherrlicht werden und ihr in ihm,
durch die Gnade unseres Gottes und Herrn Jesus Christus.
2. Thessalonicher 1,11–12

16. Tag

Bekenntnisse eines Blätterliebhabers

Wende meine Augen ab von eitlen Dingen;
durch dein Wort belebe mich!
Erfülle deinem Knecht die Verheißung,
die allen gilt, die dich fürchten und ehren.
Psalm 119,37–38

Vor Jahren wohnten wir auf einem alten Bauernhof. Kurz nachdem wir eingezogen waren, machte ich mich daran, mit einem Traktor das Unterholz auszulichten. Dabei stieß ich auf eine Reihe von Weinstöcken, deren Spaliere längst niedergebrochen waren. Die verwahrlosten Ranken hatten im näheren Umkreis fast alles andere überwuchert und erstickt. Die paar wenigen Trauben, die ich finden konnte, waren winzig und schmeckten schrecklich sauer.

Als ich mit meinem Nachbarn über diese Weinstöcke ins Gespräch kam, meinte er: »Sie werden es nicht glauben, so wie die Weinstöcke heute aussehen, aber das war früher einmal ein preisgekrönter Weinberg. Der vorige Besitzer hat ihn nur über Jahre hinweg verkommen lassen.«

In Johannes 15 sehen wir ganz klar, dass unser Vater, der Weingärtner, uns, seine Auserwählten, viel zu sehr liebt, als dass er uns jemals verkommen lassen würde. Er ist in seinem Weinberg beständig am Werk, um uns zu helfen, weniger Laub zu tragen, dafür aber umso mehr Frucht hervorzubringen.

Unter den »Blättern« in Ihrem Leben können Sie sich alle möglichen Dinge vorstellen, oft sogar gute Dinge, die Ihre Zeit und Ihre Energie verschlingen. Indem Gott unnötige Dinge wegschneidet, sorgt er dafür, dass mehr »Saft« zu den Bereichen fließt, die wirklich Frucht hervorbringen. Von unserer Seite ist dafür die Bereitschaft nötig, uns auf Gottes Wirken einzulassen. Aber gerade das bereitet uns oft

Mühe. Es fällt uns schwer, Dinge loszulassen, die uns wichtig erscheinen.
Vor längerer Zeit habe ich einmal eine kleine Gesprächsgruppe zu diesem Thema geleitet. Damals schrieb ich an den Rand meiner Mitschriften: »Ich habe festgestellt, dass ich viel eher ein Blätterliebhaber bin als ein echter Weinbauer.«
Das war damals mein aufrichtiges Bekenntnis. So war es wohl auch, aber irgendwie doch auch wieder nicht. Lassen Sie mich das kurz erklären. Es ist so leicht, geschäftige Bemühungen mit Ergebnissen zu verwechseln, Aktivismus mit wirklicher Frucht und üppig rankendes Blattwerk mit einer reichen Ernte. Es ist wohl so, dass die Allermeisten von uns gar nicht merken, dass sie passionierte Blätterliebhaber sind, bis sie zu wirklichen Fruchtliebhabern werden! Schließlich sind Schößlinge und Blätter auch ein Teil des Wachstums. Wenn wir jedoch erst einmal anfangen, echte Früchte für Gott zu tragen, dann beginnen wir, die Gesetzmäßigkeiten des Weinbergs besser zu verstehen. Wir erkennen, dass weniger unnützes Blattwerk dazu führt, dass mehr Saft in die Früchte fließen kann. Und um die Frucht geht es ja schließlich!
Vielleicht müssen Sie gestehen, dass es Ihnen ganz ähnlich ergeht wie mir damals. Irgendwie üben Blätter immer eine gewisse Faszination aus, nicht wahr? Trotzdem wissen wir, dass viel üppiges Grün nicht alles sein kann und dass es irgendwie noch mehr geben muss.
Wir scheuen uns vielleicht vor der Schere des Winzers, wir sind jedoch erlöst zu einem Leben, das zu Gottes Ehre nach außen wirkt und Einfluss auf andere hat. Mit diesem erstaunlichen Abschnitt der Schrift macht uns Jesus deutlich, dass wir Tag für Tag unter seiner Pflege stehen, damit wir Frucht von bleibendem Wert mit in die Ewigkeit bringen.
Hören Sie noch einmal ganz bewusst, wozu Gott uns bestimmt hat: »Ich habe euch erwählt und dazu bestimmt, dass ihr euch aufmacht und Frucht bringt und dass eure Frucht bleibe« (Johannes 15,16).
Als er zu Petrus, Jakobus und Johannes sagte: »Ich will euch zu Menschenfischern machen«, da lud er sie ein, ihre bisherige Art der Ernte hinter sich zu lassen und eine andere, unvergleichlich größere und bessere Art der Ernte einzubringen. Sie sollten nicht mehr nur einfach

Blätter produzieren. Das, was Gott für sie bereithielt, vermochte kein Fischernetz jemals zu fassen.
Sie waren ausersehen, Frucht zu bringen, die in Ewigkeit Bestand hat. Und dasselbe gilt für Sie.

Anregung für Ihr Tagebuch

Herr, bitte zeige mir, in welchen Bereichen in meinem Leben es vor allem Blätter, aber nur wenig Früchte gibt. Zeige mir, was dem Besten, das du eigentlich für mich vorgesehen hast, den Platz raubt. Und bringe mich heute einer echten Fruchtbarkeit, so wie du sie geplant hast, ein Stück näher.

Wenn du irdische Dinge liebst,
dann wandelst du in der Gottferne –
der Leib wandelt umher; die Seele wandelt
in ihren irdischen Neigungen.
Den Herrn zu lieben heißt, jedwede geistliche Last
von sich abzuwerfen,
welche unsere Seele daran hindert,
sich zu ihm zu erheben.
Augustinus von Hippo

Denn die kleine Last unserer gegenwärtigen Not
schafft uns in maßlosem Übermaß
ein ewiges Gewicht an Herrlichkeit.
2. Korinther 4,17

17. Tag

Panik vor der Schere

Die Werke seiner Hände sind gerecht und beständig,
all seine Gebote sind verlässlich.
Psalm 111,7

Es ist eine Sache, Gott als unseren liebevollen Beschützer zu sehen, der seine liebenden Arme ausstreckt, um für uns zu sorgen. Etwas anderes aber ist es, sich Gott als allmächtigen Winzer vorzustellen, wie er mit einem Messer direkt auf uns zukommt, um unsere Äste zu beschneiden.

Vielleicht fragen Sie sich: *Was, wenn der Winzer beim Schneiden nicht aufpasst und wir am Ende völlig verstümmelt sind?*

Mir kommt eine Begebenheit in den Sinn, die ein Gartenexperte einmal zum Besten gab: »Vor einiger Zeit war ich bei einem Bekannten im Garten und er zeigte mir einen hoch wachsenden europäischen Preiselbeerbusch, den er versehentlich übel zugerichtet hatte. ›Irgendwo habe ich gelesen, dass alle Büsche gelegentlich einmal beschnitten werden müssen, aber ich hatte ehrlich gesagt keine Ahnung, wie man das macht‹, meinte er verlegen. Obwohl er die besten Absichten verfolgte, hat seine Unkenntnis den armen Preiselbeerbusch schwer in Mitleidenschaft gezogen.«

Nachdem er den Schaden genauer in Augenschein genommen hatte, meinte er, der Busch wäre vermutlich kräftig genug, um den drastischen Eingriff zu überleben, doch eine schwächere Pflanze hätte sich sicherlich nicht mehr erholt.

Ein erschreckendes Bild, nicht wahr? Kein Wunder, dass wir Vorbehalte hegen oder unter Umständen sogar in Panik geraten, wenn Gott uns auffordert, von einer Sache zu lassen, die seinen Absichten mit uns im Wege steht.

Ebenso wie bei der Züchtigung ist es auch beim Beschneiden von wesentlicher Bedeutung, was für ein Bild wir von Gott haben. Ja, ich würde sogar noch einen Schritt weiter gehen. Ihre Fähigkeit, unter der Beschneidung auszuharren, und Ihre Reaktion auf das Wirken des

Winzers sind voll und ganz davon abhängig, wie sehr Sie ihm vertrauen. Als Reben müssen wir tief in uns Klarheit über folgende Fragen haben:

- Geht es dem Winzer wirklich um mich persönlich?
- Hat der Winzer wirklich mein Wohl im Blick, wenn er mich beschneidet?
- Wird mich der Winzer auch immer genau zum rechten Zeitpunkt beschneiden?
- Gebraucht er wirklich nur die besten Mittel dazu?
- Wird es wirklich nur so lange wie nötig dauern?
- Bleibt der Winzer während der ganzen Zeit nahe bei mir?

Wenn Sie diese Fragen ehrlich beantworten, dann werden Sie spüren, wie sich in Ihrem Herzen plötzlich etwas bewegt. Sie kommen an einen Punkt, wo Sie zu einem tiefen inneren Frieden gelangen und wo es Ihnen nicht mehr schwer fällt, sich auf alles einzulassen – und Sie werden nie mehr etwas anderes wollen.

Tiefer Glaube, der Erstaunliches zu bewirken vermag, ruht auf einem Fundament von verlässlichen Tatsachen: Gott hat alles unter seiner Kontrolle. Gott ist gut. Und Gott wird niemals aufhören, zu unserem Besten zu wirken, auch wenn wir oft nicht erkennen, was er tut.

Corrie ten Boom, die während der Nazizeit im Konzentrationslager war und dort den größten Teil ihrer Familie verlor, beschreibt in ihrem Buch *Die Zuflucht*, wie sie im Vertrauen auf Gottes Güte zur Ruhe kam: »Wenn ein Zug in einen Tunnel hineinfährt und alles dunkel wird, dann werfen Sie nicht Ihre Fahrkarte weg und springen aus dem Wagen. Sie sitzen einfach still und vertrauen dem Lokführer.«

Der Gartenexperte, den ich zu Beginn dieses Kapitels zitiert hatte, fuhr wie folgt fort: »Die Grundvoraussetzung beim Beschneiden ist, dass jeder Schnitt sinnvoll sein sollte. Greifen Sie nur zur Schere, um falsches Wachstum zu korrigieren, um zukünftigen Problemen vorzubeugen und um neues Wachstum anzuregen bzw. in eine gewünschte Richtung zu dirigieren.«

Haben Sie Mühe mit Dingen, die Gott in Ihrem Leben tut? Ihr liebevoller, allmächtiger Vater in seiner Weisheit ist in Ihnen am Werk. Es geht ihm ganz speziell um Sie. Er hat sich alles reiflich überlegt, er weiß, wo sein Eingreifen im Moment am dringlichsten ist, er weiß auch um den rechten Zeitpunkt und die beste Vorgehensweise.
Der heutige Vers fasst sehr gut zusammen, warum wir Gott vertrauen können: »Die Werke seiner Hände sind gerecht und beständig.« Es tut gut, das als Rebe zu wissen!

Anregung für Ihr Tagebuch

Herr, zeige mir, was mich im Hinblick auf das Beschneiden an deinen guten Absichten zweifeln lässt. Bitte vergib mir und führe mich zur Erkenntnis der Wahrheit.

Gott, ich gebe mich dir ganz hin.
Weise du mir meinen Platz in deiner Schöpfung zu.
Lass mich für dich leiden.
Gib mir die Aufgabe, die du mir zugedacht hast.
Trage mir vieles auf oder lasse mich beiseite treten,
während du andere berufst.
Wenn du mich herausstellst, dann demütige mich.
Gib mir Reichtum oder lass mich in Armut leben.
Alles, was ich bin und habe, gebe ich dir ohne jeden Vorbehalt.
Methodistisches Gebet

18. Tag

Grundlagen der Beschneidung

Der Herr wird meine Sache hinausführen.
Herr, deine Güte ist ewig.
Das Werk deiner Hände wollest du nicht lassen.
Psalm 138,8 (Luther)

Sicherlich haben Sie auch schon festgestellt, dass Gott uns keine schriftliche Ankündigung zukommen lässt: »Die nächste Beschneidung findet am Donnerstag um 15:15 Uhr statt.« Er sagt uns in aller Regel nicht, was er tut, wie lange es in etwa dauert und auf welche Mittel er zurückgreift. Oft können wir uns überhaupt keinen Reim darauf machen, was vorgeht, bis alles vorbei ist und wir im Rückblick erkennen, was Gott getan hat. David ist ein Musterbeispiel dafür.

Sie erinnern sich sicherlich an die Begebenheit in 1. Samuel 16. Gott zeigte dem Propheten Samuel, dass er den nächsten König Israels unter den Söhnen Isais finden würde. Zur Überraschung der ganzen Familie salbte er den Hirtenjungen David zum Auserwählten Gottes in der Nachfolge König Sauls.

Doch bevor er seine Regentschaft antreten durfte, wurde David kräftig gestutzt – jahrelang. Der junge Thronfolger musste erst einen Riesen bezwingen und feindliche Heere in die Flucht schlagen. Er musste Verrat, Einsamkeit und diverse Mordanschläge überleben. Viele Jahre lebte er auf der Flucht in Berghöhlen mit seiner zusammengewürfelten Gefolgschaft.

War vielleicht irgendetwas ganz fürchterlich schief gegangen? Nicht im Geringsten! Gott gebrauchte diese schweren Zeiten, durch die David gehen musste, vielmehr dazu, um ihn zu einem König zu machen, der *viel* Frucht bringt.

Bei der Beschneidung geht es immer um die Zukunft. So ist es nicht weiter verwunderlich, dass sie uns in der Gegenwart in aller Regel

ziemlich sinnlos erscheint. Schließlich lassen die Ergebnisse noch lange auf sich warten. Im Moment wissen wir nur, dass es weh tut. Was die Beschneidung wirklich gebracht hat, erweist sich immer erst später, wenn sich die neue Frucht, das neue kraftvolle Wachstum und die neue Pracht, die daraus resultiert, zeigen.
Ich möchte Ihnen heute eine Reihe von Grundprinzipien der Beschneidung zum Nachdenken geben:

- Beschneidung ist immer auf Dinge gerichtet, die im Prinzip richtig sind, nicht falsch.
- Beschneidung geht immer von Gott aus, nicht von uns, und dient zu unserem Besten.
- Beschneidung ist auf einen Lebensbereich im Leben eines bestimmten Individuums zugeschnitten.
- Beschnitten werden Zweige, die darauf in angemessener Weise reagieren.
- Beschneidung geschieht im Allgemeinen auf dem Umweg durch andere Leute oder bestimmte Lebensumstände.
- Beschneidung bringt Belastung und Unbehagen mit sich, doch wenn der betroffene Zweig darauf eingeht, folgen daraus neue Dimensionen der Fruchtbarkeit.
- Beschneidung kann immer nur so viel Segen einbringen, wie wir zulassen. Wenn wir uns dagegen stemmen, fallen wir wieder in den alten Zustand der Fruchtlosigkeit und der Züchtigung zurück.
- Zeiten der Beschneidung dauern meist länger als uns angemessen und richtig erscheint. Nachhaltige und andauernde Beschneidung lässt jedoch *immer* eine größere Ernte erwarten.

David ließ sich darauf ein. Dabei lernte er, was Ausdauer und Loyalität bedeuten, er erlangte Führungsqualitäten, er lernte, sich einer Autorität unterzuordnen, sich in die Abhängigkeit von Gott zu stellen, und schließlich lernte er Gottes unbedingte Treue kennen.
Die Gebete Davids aus dieser Zeit, so wie sie im Buch der Psalmen überliefert wurden, sind oft voller ehrlicher Fragen. Dennoch hielt er stets an seinem Gottvertrauen fest, selbst dann noch, als er Gottes

Wege nicht verstand. So schrieb er: »Denn deine Güte ist besser als das Leben; meine Lippen preisen dich« (Psalm 63,4).

Beachten Sie, dass David nicht der verbreiteten Irrmeinung aufsaß, alles im Leben müsse glatt gehen, solange Gott uns wohlgesonnen ist. Mache man hingegen schwere Zeiten durch, dann deute dies darauf hin, dass Gott unzufrieden mit einem sei oder dass er möglicherweise gerade nicht aufmerksam genug war. Dieser Irrtum ist ein großes Hindernis für Gott in unserem Leben.

Haben Sie in letzter Zeit einmal das Gebet des Jabez gebetet (um mehr Segen und Einfluss zu erlangen, damit Sie wirklich etwas für Gott ausrichten können) oder haben Sie Gott darum gebeten, Sie Jesus ähnlicher zu machen? Dies macht Ihrem himmlischen Vater große Freude und zeigt ihm, dass Sie ihm wirklich ernsthaft nachfolgen wollen ... und es zieht mit großer Wahrscheinlichkeit weitere Beschneidung nach sich.

Das heißt nicht, dass Gott unzufrieden mit Ihnen wäre. Im Gegenteil, er freut sich darüber, dass Sie, wie David, ein Mensch nach seinem Herzen sind. Sie haben eine wunderbare Zukunft vor sich! Sein Ziel ist es, Sie darauf vorzubereiten, neue Gelegenheiten zu ergreifen, die Sie der großen Bestimmung näher bringen, die er für Ihr Leben hat.

Anregung für Ihr Tagebuch

Wie kann das, was ich heute gelernt habe, die Art und Weise, wie ich bestimmte Ereignisse in meinem Leben wahrnehme, mich verändern?

Diejenigen, deren Leben immer voller tragischer Ereignisse
zu sein scheint, haben nicht unbedingt mehr Sünde in ihrem Leben
als diejenigen, bei denen immer alles glatt geht.
Hiob ereilte sein Unglück nicht deshalb, weil er böse war,
sondern im Gegenteil, weil er gerecht war.

Erwin Lutzer

19. Tag

Die Grenze überschreiten

Seid voll Freude, meine Brüder,
wenn ihr in mancherlei Versuchungen geratet.
Ihr wisst, dass die Prüfung eures Glaubens Ausdauer bewirkt.
Die Ausdauer aber soll zu einem vollendeten Werk führen;
denn so werdet ihr vollendet und untadelig sein,
es wird euch nichts mehr fehlen.
Jakobus 1,2–4

Der Jakobusbrief beginnt mit einem der verwunderlichsten Einleitungssätze in der ganzen Bibel: »Seid voll Freude, wenn ihr in mancherlei Anfechtung geratet.« Da fragt man sich: *Meint Jakobus wirklich im Ernst, wir sollten uns freuen?* Ist das nicht ein wenig übertrieben? Wenn man den Rest des Briefes liest, bekommt man freilich nicht den Eindruck, dass Jakobus zu denen gehört, die mit dem, was sie sagen, gerne ein wenig übertreiben. Wie ein kampferprobter Feldwebel hat er sein Ziel fest im Blick. Und er meint genau, was er sagt.

Wenn Jakobus hier von »Prüfung« spricht, dann ist dies lediglich eine andere Bezeichnung für Beschneidung. Ich möchte heute, dass Sie sich einmal Gedanken darüber machen, wie eine derart unangenehme Sache wohl Anlass zur Freude geben kann.

Denken Sie daran, dass Jakobus an Christen schrieb, die heftige Verfolgung zu erdulden hatten und nun über das gesamte Römische Reich verstreut waren. Gott ließ zu, dass sie bis an die Grenzen ihrer Belastbarkeit geführt wurden – und noch ein Stückchen weiter.

Kennen Sie auch solche Zeiten? Prüfungen können manchmal so hart sein, dass sie über das Maß hinausgehen, das uns als fair und angemessen erscheint.

In diesen Momenten kommt es uns so vor, als wäre Gott uns ganz fern oder dass er, wenn er wirklich alles unter Kontrolle hat, es doch zumindest maßlos übertreibt. Solche Zeiten sind jedoch keineswegs umsonst.

Sie dienen dazu, unseren Charakter und unser geistliches Leben auszuformen. Oft müssen wir erst an das Ende unserer Möglichkeiten gelangen, bevor wir Gottes Kraft erleben können. Wenn wir Gott freie Hand geben, an uns zu wirken, dann nimmt unser Glaube in einer Weise zu, wie wir es niemals für möglich gehalten hätten. Im Feuer der Prüfungen verwandelt sich das Roherz des jungen Glaubens in stahlharte unerschütterliche Überzeugungen. So war es schon bei den Christen des ersten Jahrhunderts, mit denen Gott die Welt veränderte.

Ich vergleiche das Wachstum unseres Glaubens gerne mit dem, was beim Muskeltraining passiert. Ken ist ein 140 Kilo schwerer professioneller Footballspieler. Auf die Frage, wie man zu solchen Muskelpaketen kommt, meinte er: »Du musst über die Grenze deiner Belastbarkeit hinausgehen. Nur durch Belastung können die Muskeln an Masse und Kraft zunehmen.« Im Kraftraum stemmt Ken bis zur Erschöpfung, bis er kaum noch kann, und dann fügt sein Trainer noch einmal 20 Kilo hinzu. An diesem Punkt ist Ken jenseits dessen, was er eigentlich zu schaffen vermag. »Genau dadurch baue ich die Kraft auf, die man braucht, wenn man im Spiel gewinnen will«, meinte er ganz unverhohlen.

Manchmal macht es Gott mit uns nicht anders, wenn er unseren Glauben stärken will. Wozu brauchen wir mehr Glauben, solange wir uns nicht einer größeren Herausforderung gegenübergestellt sehen? So drängt uns Gott über das hinaus, was wir eigentlich zu bewältigen vermögen. Er lässt es zu, dass gewisse Umstände uns über die Grenze unserer Möglichkeiten hinaus beanspruchen. So lernen wir, mit Gottes Möglichkeiten zu rechnen, und unser Glaube wächst in Riesenschritten.

Wenn es Ihnen so geht, wie den meisten Christen, mit denen ich gesprochen habe, dann werden Sie vermutlich eine gewaltige Erleichterung verspüren, wenn Sie erst einmal feststellen, dass Schwierigkeiten keineswegs Gottes Gericht über uns sind. Gott hat uns weder verlassen noch züchtigt er uns mit diesen Schwierigkeiten! Ihr Denken darüber, was es bedeutet, harte Zeiten durchzumachen, wird auf einmal radikal ins Lot gebracht. In Ihrem Herzen entsteht Raum für Freude.

Eines Tages werden Sie auf diese schwierigen Zeiten zurückblicken und erkennen, welche wunderbaren Veränderungen sie durch die Gnade Gottes in Ihnen hervorgebracht haben. Nicht, dass Sie sich darum reißen werden, sie noch einmal durchleben zu müssen, aber was Sie dadurch gelernt haben, werden Sie um keinen Preis missen wollen. »Gerade in der letzten Woche haben mein Mann und ich plötzlich festgestellt, wie viel sich in den beiden vergangenen Jahren in unserem Leben zum Positiven verändert hat«, berichtete eine Hausfrau aus Montreal vor einiger Zeit. »Seit unserer finanziellen Krise haben wir ein völlig neues Verhältnis zum Geld. Es macht jetzt richtiggehend Spaß zu geben. So, wie wir früher gelebt haben, würden wir heute nicht mehr leben wollen!«

Nach Jakobus sollten wir die Schmerzen der Beschneidung nicht einfach widerwillig über uns ergehen lassen oder sie gar zu vermeiden versuchen. Er schreibt, wir sollten »voller Freude« sein! Warum? Weil Gottes Ziel letzten Endes darin besteht, uns mit Glauben, Kraft und Fülle zu segnen, bis wir »vollendet und untadelig« sind und es uns an »nichts mehr fehlt«.

Anregung für Ihr Tagebuch

Haben Sie schon mal eine Zeit der Prüfung erlebt, von der Sie am Ende profitiert haben und nach der Sie voller Freude waren? Beschreiben Sie ein wenig, wie das war.

Ich habe dem Feuer und dem Hammer
und der Feile mehr zu verdanken
als irgendeiner anderen Sache in der Werkstatt meines Herrn.
Charles Spurgeon

20. Tag

Reich-Gottes-Geschichten

Euch aber muss es zuerst um sein Reich
und um seine Gerechtigkeit gehen;
dann wird euch alles andere dazugegeben.
Matthäus 6,33

Jahrelang betete Colleen darum, dass Gott ihrem Mann eine Arbeit schenkt, die es ihm erlaubt, jeden Abend nach Hause zu kommen. Bis sie die Situation, in der sie sich befand, als Gottes Beschneidung in ihrem Leben verstand, verschwendete sie ihre Abende zumeist vor dem Fernseher oder indem sie einfach dasaß und grübelte. »Ich war einfach total unglücklich, bis ich endlich bereit war, das, was *ich* wollte, aus der Hand zu geben und all die Möglichkeiten zu ergreifen, die Gott mir schon so lange nahe gelegt hatte: bewusst für die Kinder da zu sein, Mentorbeziehungen mit anderen Frauen aufzubauen oder einfach Zeit mit ihm zu verbringen. Ich bete natürlich weiter um eine neue Arbeitsstelle für Ed. Aber all die Jahre lang habe ich den großen Reifeschritt verpasst, den Gott eigentlich für mich vorgesehen hatte.«
Könnte es nicht sein, dass Gott sein Winzermesser in Ihrem Leben angesetzt hat, um Ihnen zu einer ganz ähnlichen Durchbruchserfahrung zu verhelfen? Heute ist es Colleen viel eher möglich zu gedeihen, und das unabhängig von Ihren Lebensumständen. Und zweifelsohne wird auch ihre Ehe davon profitieren.

Ich wünschte, Sie alle könnten Harold einmal persönlich begegnen. Seit zwanzig Jahren führt er eine Arbeitsgruppe, die im Südwesten der USA Wüstengebiete auf wohl durchdachte Weise in Kulturland umwandelt. »Aber hier habe ich nur eine halbe Stelle«, berichtete er mir. Die andere Hälfte seiner Zeit investiert er, um an Missionsprojekten überall auf der Welt mitzuarbeiten. »Ich bin eigentlich in einer traumhaften Lage. Ich tue genau das, was mir Spaß macht und wo ich die Talente einbringen kann, die Gott mir gegeben hat, um sein Reich zu bauen.«

Ich wünschte, Sie könnten meinen alten Freund Luis kennen lernen, der in den letzten fünfzig Jahren jedes Jahr ein Prozent mehr für das Reich Gottes gespendet hat als jeweils im Vorjahr. Inzwischen ist der Betrag, den er jährlich spendet, wie man sich vorstellen kann, auf einen ganz schön beträchtlichen Prozentsatz seiner Einnahmen angewachsen. Nur wenige wissen etwas von seiner kleinen Vereinbarung mit dem Herrn. Das letzte Mal, als ich Luis begegnete, fragte ich ihn, ob es nicht inzwischen ein wenig knapp wird. Er lachte nur. »Bruce, mir geht es finanziell besser denn je – nur dass heute alles zehnmal so viel Spaß macht wie früher!«

Sehen Sie, was alle diese »Reich-Gottes-Geschichten« gemeinsam haben? Es sind Musterbeispiele dessen, was geschehen kann, wenn ein Mensch bereit ist, sich von ganzem Herzen auf Gottes Beschneidung einzulassen. Jeder dieser Menschen hat einmal den Entschluss gefasst, das, was Gott sagt, an die erste Stelle zu setzen. Heute fahren sie alle eine reiche Ernte ein – sowohl an persönlicher Erfüllung als auch an Frucht im Dienst für Gott.

Nach meiner persönlichen Erfahrung werden wir durch Gottes Beschneidung zumindest in dreifacher Hinsicht verändert:

- Wir gehen anders mit unserer Zeit um.
- Wir gehen anders mit unseren Gaben um.
- Wir gehen anders mit unserem Besitz um.

Denken Sie einmal darüber nach, was sich in jedem dieser Bereiche im vergangenen Jahr getan hat. Inwieweit haben Sie sich aktiv darauf eingelassen, was Gott in Ihrem Leben vorhat? Haben Sie eine Vorstellung davon, wie Gott Ihr Leben in der Zukunft noch fruchtbarer machen will? Das hoffe ich doch.

Als Jesus davon sprach, es müsse uns zuerst um sein Reich und um seine Gerechtigkeit gehen, nannte er uns die Grundvoraussetzung für ein erfülltes Leben. Setzen Sie Ihre ganze Energie daran, um den Anliegen Gottes die allererste Priorität in Ihrem Leben zu geben, und alle anderen Dinge, die erstrebenswert sind, werden Ihnen als Dreingabe dazugeschenkt.

Anregung für Ihr Tagebuch

Himmlischer Vater, bitte zeige mir, wie, wann und in welchen Bereichen es in meinem Leben nötig ist, dein Reich an die erste Stelle zu setzen, und ich werde es tun.

Beginnen Sie jetzt gleich damit:
Bevor Sie von diesem Ort der Stille aufbrechen,
bitten Sie Ihren König, Sie ganz und gar in seinen Dienst zu nehmen.
Dann stellen Sie ihm einfach alle Stunden dieses Tages
zur Verfügung und bitten Sie ihn, dass er in Ihnen die Bereitschaft
schafft und erhält, genau das zu tun, was er will.
Denken Sie niemals an morgen; ein Tag ist genug.
Versuchen Sie es heute und schauen Sie, ob dieser Tag
nicht von einem sonderbaren, nahezu verblüffenden inneren Frieden
geprägt ist – einem Frieden, der so herrlich ist,
dass Sie auch den morgigen Tag einfach dankbar begrüßen können,
weil Sie Ihren König bitten dürfen,
auch diesen Tag wiederum in seine Hand zu nehmen.

Frances Ridley Havergal

21. Tag

Aus dem Gleichgewicht geraten?

Ich sehe alles als Verlust an, weil die Erkenntnis Christi Jesu,
meines Herrn, alles übertrifft.
Seinetwegen habe ich alles aufgegeben und halte es für Unrat,
um Christus zu gewinnen und in ihm zu sein ...
Eines aber tue ich: Ich vergesse, was hinter mir liegt,
und strecke mich nach dem aus, was vor mir ist.
Das Ziel vor Augen, jage ich nach dem Siegespreis:
der himmlischen Berufung, die Gott uns in Christus Jesus schenkt.
Philipper 3,8 und 13–14

Als ich anfing, mich näher mit dem Thema Beschneidung zu befassen, fragte ich viele christliche Leiter, die ich schätzte, ob sie in ihrem Leben viel Beschneidung erfahren hätten.
Ausnahmslos jeder von ihnen bejahte dies spontan. Danach wurden sie in der Regel sehr nachdenklich, manche bekamen feuchte Augen.
Heute verstehe ich auch warum. Wenn Gott beschneidet, dann greift er tief in unser Innerstes hinein ... und trennt etwas durch. Er schneidet bis ins Mark unserer tief verwurzelten Überzeugungen, er trifft den Nerv jener Dinge, die wir als unsere »unverbrüchlichen Rechte« verbissen verteidigen, er stellt Prioritäten oder Aktivitäten in Frage, die für uns einen überragenden Stellenwert haben.
Beschneidung macht andere Menschen aus uns.
Vielleicht ist es Ihnen auch schon aufgefallen: Christen, die viel Beschneidung erlebt haben, denken über viele Dinge anders. Sie verhalten sich anders. Sie haben ihr Ziel so fest vor Augen, dass man leicht geneigt ist, sie als unausgewogen anzusehen.
In der Tat sind die meisten Leute, die ich kenne, die ein außergewöhnliches Maß an Frucht hervorbringen, in den Augen anderer irgendwie »aus dem Gleichgewicht geraten« – eben anders als andere – und sie haben nicht die geringste Absicht, daran etwas zu ändern! Die Freude

daran, wie Gott durch sie wirkt, ist ihnen zu kostbar, als dass sie diese Erfahrung gegen irgendetwas anderes eintauschen wollten. Ich habe es noch nie erlebt, dass einer dieser Christen, denen Gott die Maßstäbe zurechtgerückt hat, sagt: »Ach, ich wünschte, ich könnte die Zeit noch einmal zurückdrehen.« Sie suchen vielmehr nach Wegen, wie sie aktiv daran mitwirken können, was Gott vorhat. Wie Spitzenathleten sind sie persönlich motiviert, ohne Vorbehalte alles zu tun, was ihr Trainer will. Ich möchte Sie heute ermutigen, dasselbe zu tun. Hier einige Dinge, die mir persönlich dabei geholfen haben:

- Lesen Sie noch einmal nach, was Sie im Laufe des letzten Jahres in Ihr geistliches Tagebuch geschrieben haben. Wenn Sie kein solches Tagebuch geführt haben, dann nehmen Sie sich ein wenig Zeit, um Ihre persönlichen geistlichen Erfahrungen niederzuschreiben, insbesondere Ihre Kämpfe, an denen Sie erkennen können, welche geistliche Entwicklung Sie durchmachen bzw. was Sie sich im geistlichen Bereich wünschen. Bitten Sie Gott, Ihnen deutlich zu machen, wo er Ihre Verhaltensmuster und Prioritäten verändern will.
- Schreiben Sie (wenn möglich jeden Monat) ein Paar Gedanken nieder – was Sie gelernt haben und wo Sie in Ihrem geistlichen Leben Fortschritte erkennen. Sehen Sie Anzeichen dafür, dass Sie bleibende Frucht für Gott hervorgebracht haben, oder müssen Sie hier bislang noch passen?
- Stellen Sie sich die Frage: Was habe ich getan, was ich nicht länger tun muss? Wo gibt es weniger wichtige Dinge in meinem Leben, die ich bisher getan habe, die ich aber ebenso gut anderen überlassen könnte?
- Erstellen Sie eine Liste der drei bis fünf Aktivitäten (abgesehen von Ihren Verpflichtungen Ihrer Familie gegenüber), bei denen Sie für das Reich Gottes die meiste Frucht gebracht haben, wobei die Aktivität mit dem höchsten Ertrag ganz oben steht, die mit dem geringsten Ertrag ganz unten. Was könnten Sie tun, um den obersten beiden Aktivitäten in der Rangfolge künftig mehr Raum zu geben als der/den unteren?

- Nehmen Sie sich täglich, wöchentlich und vierteljährlich ganz bewusst Zeit, um Bilanz darüber zu ziehen, wo Gott Sie beschneidet. Fragen Sie sich, was Sie hier und heute tun können, um auf Gottes Beschneidung in Ihrem Leben aktiv einzugehen.

Der Apostel Paulus ist – abgesehen von Jesus Christus selbst – vermutlich das Musterbeispiel eines Menschen, der in seinem Leben für Gott »aus dem Gleichgewicht geraten« ist. Er gab alle Bestrebungen nach Ansehen, Bequemlichkeit und materieller Sicherheit auf. Es ist fast so, als hätte er auf seiner Reise kreuz und quer durch das Römische Reich ein Gepäckstück nach dem anderen hinter sich gelassen, von dem jedes eine mögliche Option für ihn hätte sein können. Als er schließlich seinen letzten Brief verfasste, hatte er nur noch eines im Sinn:

»Eines aber tue ich ... ich jage nach dem Siegespreis.«

Die einzige Beschreibung der äußeren Statur des Paulus, die uns überliefert ist, stammt aus dem zweiten Jahrhundert: »Er war ein Mann von kleiner Gestalt, hatte eine Glatze und krumme Beine ...« In unserer heutigen Bibelpassage sehe ich hingegen einen ganz anderen Paulus. Ich sehe einen Wettläufer bei der Olympiade, bestens trainiert und hoch motiviert, der nur ein Bestreben hat: die Ziellinie zu überqueren, den Wettkampf zu gewinnen. Er sprintet die letzte Gerade entlang und strebt mit Riesensätzen dem ersehnten Ende der Bahn entgegen. Das ist es, was Paulus wirklich ausmachte. Er mag anders gewesen sein als andere, aber er war eindeutig auf der Gewinnerstraße!

Lieber Freund, damit schließen wir diese dritte Woche ab, in der wir uns mit Gottes Beschneidung in unserem Leben befasst haben. Ich hoffe, dass Sie sich voll und ganz auf Gottes Beschneidung einlassen und ihm vertrauen, dass er große Dinge für Sie bereithält ... und dass Sie dem Siegespreis nachjagen.

Anregung für Ihr Tagebuch

Das Wichtigste, was ich diese Woche über Gott gelernt habe, war

______________________ .

Was mir im Hinblick auf das Thema Beschneidung am meisten geholfen hat, war

______________________ .

Wisst ihr nicht, dass die Läufer im Stadion zwar alle laufen,
aber dass nur einer den Siegespreis gewinnt?
Lauft so, dass ihr ihn gewinnt.
Jeder Wettkämpfer lebt aber völlig enthaltsam;
jene tun dies, um einen vergänglichen,
wir aber, um einen unvergänglichen Siegeskranz zu gewinnen.
1. Korinther 9,24–25

Meine Seele wartet
auf den Herrn
mehr als die Wächter
auf den Morgen.

VIERTE WOCHE

Gedeihen in seiner Gegenwart

Meine Seele wartet auf den Herrn
mehr als die Wächter auf den Morgen.

Psalm 130,6

22. Tag

Das Wunder im Verborgenen

Bleibt in mir, dann bleibe ich in euch.
Wie die Rebe aus sich keine Frucht bringen kann,
sondern nur, wenn sie am Weinstock bleibt,
so könnt auch ihr keine Frucht bringen,
wenn ihr nicht in mir bleibt.
Johannes 15,4

Drei Tage waren wir nun schon in einer Fischerhütte oberhalb des *Lake Clark* im Westen Alaskas. Es war einfach paradiesisch: Tagsüber fischten wir Lachs aus dem eiskalten Fluss und abends saßen wir am Lagerfeuer und grillten. In einer solchen Umgebung fällt es selbst den verschlossensten Männern leichter, sich zu öffnen.

Am dritten Abend war es bei Arlen so weit. »Wisst ihr«, sagte er, wie er so vor sich ins Feuer schaute, »ich habe vor, meinen Dienst in der Gemeinde an den Nagel zu hängen, sobald ich nach Hause komme.« Seit dreißig Jahren hatte er in seiner Gemeinde als Anbetungsleiter gearbeitet. Nach außen hin schien alles wunderbar zu laufen, doch innerlich war er einfach leer und ausgebrannt. »Ich habe meiner Frau neulich schon gesagt, es ist endlich Zeit, den Dingen ins Auge zu sehen«, fuhr er fort. »Ich liebe den Herrn und ich möchte ihm wirklich dienen, heute noch mehr als je zuvor. Aber es kommt einfach zu wenig dabei herum. Ich arbeite immer härter und dabei macht es mir immer weniger Freude. Ich weiß einfach nicht mehr, was ich tun soll, außer aufzuhören.«

Diejenigen unter Ihnen, die *Das Geheimnis des Weinstocks* gelesen haben, werden sich sicher erinnern, dass ich vor Jahren auch einmal eine solche Krise durchgemacht habe. Ich gab mein Bestes, und doch hatte ich ebenso wie Arlen das Gefühl, dass ich gegen eine unsichtbare Wand aus Enttäuschung und Unzufriedenheit lief. In meinem Fall wurde die Wand für mich zur Schwelle zu einer völlig neuen Dimension der Fruchtbarkeit im Dienst für den Herrn.

Wenn Sie sich in Arlens Situation wieder erkennen, dann habe ich eine Neuigkeit für Sie: Gott selbst hat dafür gesorgt, dass Sie in diese Lage kommen. Gott selbst hat diese Unzufriedenheit in Sie hineingelegt, um Sie auf neue Dimensionen vorzubereiten. Was dann folgt, ist eine Einladung ...

Lassen Sie uns noch einmal ein wenig genauer betrachten, was im Weinberg geschieht. Da gibt es jene Zeit, in der scheinbar gar nichts los ist. Die Reben sind gereinigt und sauber aufgebunden und auch die Astschere hat ihre Arbeit längst getan. Dicke Trauben hängen dicht an dicht an den Spalieren.

Nichts los? Vergessen Sie nicht das Wunder, das sich da im Verborgenen vollzieht! Die Wurzeln saugen Nährstoffe aus der Erde und leiten sie in Form von Pflanzensaft an den Weinstock weiter. Vom Weinstock strömt er in die Reben und dann in die einzelnen Trauben hinein. Diesen unsichtbaren Lebensstrom hatte Jesus im Sinn, als er sagte: »Bleibt in mir, dann bleibe ich in euch. Wie die Rebe aus sich keine Frucht bringen kann, sondern nur, wenn sie am Weinstock bleibt, so könnt auch ihr keine Frucht bringen, wenn ihr nicht in mir bleibt.«

Im Bild vom Weinstock bedeutet das »Bleiben«, dass die Rebe mit dem Weinstock verbunden ist. Je besser die Pfropfstelle, desto leichter fließt der Saft und desto größer kann die Ernte ausfallen. Ganz ähnlich verhält es sich mit uns. Indem wir »in ihm bleiben«, wie Jesus es nennt, kann er seine Kraft in unser Leben hineinströmen lassen.

Arlen und ich mussten beide lernen, unsere Energie darauf zu richten, in Gemeinschaft mit Gott zu sein anstatt sie, wie bisher, ausschließlich in den Dienst für ihn zu investieren. Unser Streben danach, Frucht zu bringen, war gewissermaßen größer als der Zustrom an Saft in unserem Leben. Wir mussten uns neu darauf ausrichten, in ihm zu bleiben, und unsere Aufnahmefähigkeit in Bezug auf seinen Lebensstrom drastisch erweitern – und zwar schnell.

In den vergangenen drei Wochen haben wir uns damit beschäftigt, wie sehr sich Gott wünscht, dass unser Leben viel Frucht – gute Werke – trägt, und was er alles tut, um diese Frucht in uns hervorzubringen. Diese Woche nun werden wir uns mit dem dritten Geheimnis des Weinstocks befassen: *Wenn Ihr Leben bereits viel Frucht bringt, dann wird Gott Sie dazu einladen, sich noch inniger mit ihm zu verbinden. Infolgedessen werden Sie noch fruchtbarer werden.*

Das eigentliche Wunder des Weinstocks ist für das Auge unsichtbar. Die Frucht, die daraus hervorgeht, ist jedoch sehr wohl sichtbar. Erstaunlicherweise können wir nur dann zum höchsten Grad an Fruchtbarkeit vorstoßen, wenn wir seiner Einladung folgen und eine tiefe Beziehung mit ihm eingehen.

Arlens Eingeständnis in jener Nacht am Lagerfeuer entfachte eine angeregte und sehr offene Diskussion darüber, welche Gefahren, zugleich aber auch, welch eine Verheißung jene Zeiten in unserem Leben in sich bergen, in denen wir fest im Herrn bleiben. Für Zuhause erhielt Arlen die Aufgabe, weniger *für* Gott und stattdessen mehr *mit* ihm zu tun. Ich freue mich, Ihnen sagen zu können, dass dies für ihn der Einstieg in eine Dimension von Fruchtbarkeit und Erfüllung wurde, die er zuvor niemals für möglich gehalten hätte – und zwar in allen Bereichen seines Lebens: in seiner Ehe, seinem Familienleben und auch in seiner Arbeit für den Herrn.

Anregung für Ihr Tagebuch

Was halte ich persönlich von dem Gedanken, weniger zu tun, damit ich mehr Zeit mit dem Herrn verbringen kann? Könnte es sein, dass daraus am Ende auch mehr Frucht resultiert?

Gott kann uns Glück und Frieden nicht schenken,
solange wir fern von ihm sind,
weil es fern von ihm nichts dergleichen gibt.

C. S. Lewis

23. Tag

Ganz auf Nähe gehen

Wer sich rühmen will, rühme sich dessen,
dass er Einsicht hat und mich erkennt.
Jeremia 9,23

Unsere Nachbarn, die Fosters, gehörten schon beinahe zur Familie. Ich kann mich noch gut an ihr winziges Häuschen in New Jersey erinnern. Tante Belle machte die besten Apfeltaschen der Welt und Onkel Sherman liebte Baseball-Übertragungen im Fernsehen. Er war ein begeisterter Fan der *New York Yankees*. Für mich erschien ihre Ehe und ihr Familienleben immer perfekt. Erst viel später, als die beiden längst gestorben waren, erzählte mir mein Vater, dass die beiden sich in Wirklichkeit einander völlig entfremdet hatten.

»Hast du die Fosters jemals zusammen am Tisch essen sehen? Sie haben auch nie wirklich gemeinsam gesessen und miteinander geredet«, meinte mein Vater irgendwann einmal, und als ich darüber nachdachte, fiel mir auf, dass er damit Recht hatte. Mein Vater weihte mich ein wenig in die Hintergründe ein.

»Eines Tages kam Onkel Sherman nach Hause und stürmte nach oben, um nur ja nichts von der Baseballübertragung im Fernsehen zu verpassen. Er hatte es so eilig, dass er völlig vergaß, seine schlammigen Stiefel am Eingang auszuziehen. Als er später zum Abendessen nach unten kam, hatte Tante Belle zwar den Dreck beseitigt, aber der Abendbrottisch war nur für eine Person gedeckt. Belle setzte sich nicht mit an den Tisch. Am nächsten Morgen kam Onkel Sherman zum Frühstück herunter. Auf dem Tisch standen Rührei und Toast, aber Belle machte wiederum keine Anstalten, sich dazuzusetzen. So gingen einige Wochen ins Land. Schließlich hinterließ er ihr eine kurze Notiz auf dem Esstisch, auf der stand: ›Wenn du wieder mit mir reden willst, dann komm einfach auf mich zu.‹ Doch sie kam nicht.«

»Wie lange ging das denn so weiter?«, fragte ich.

»Siebzehn Jahre lang«, sagte er, »bis Tante Belle schließlich starb.«

Können Sie sich vorstellen, so viele Jahre lang mit einem Menschen unter einem Dach zu wohnen, ohne auch nur ein Wort mit ihm zu wechseln? Es ist eine sehr tragische Geschichte! Aber gibt es da nicht irgendwie gewisse Parallelen zu der Art und Weise, wie wir Christen oft mit Gott umgehen? Wir können jahrelang in seiner Nähe leben und doch bleibt er uns merkwürdig fremd. Wir gehen ihm aus dem Weg, ignorieren ihn oder geben Gott einfach keine Chance – die Folgen sind immer traurig.

Es liegt eine wunderbare Verheißung darauf, in ihm zu bleiben. Wir erleben, dass eine innige Freundschaft mit Gott möglich ist und dass Gott selbst gar nichts anderes will. Die Bibel lehrt uns sogar, dass die Qualität unserer Beziehung zu ihm das wichtigste Kriterium ist, wenn es darum geht, unseren Erfolg im Leben zu definieren. »Wer sich rühmen will«, so sagt Gott zu Jeremia, »der rühme sich, dass er Einsicht hat und mich erkennt« (Jeremia 9,23).

Wenn Sie auf Ihr bisheriges Leben mit Gott zurückblicken, würden Sie sagen, dass Sie ihn mit der Zeit immer besser kennen lernen und ihre Beziehung immer enger wird? Oder ist dies nicht so? Nehmen Sie sich heute einmal einen Moment Zeit, um die Qualität Ihrer Beziehung zu Gott zu überprüfen. Welche der folgenden Aussagen trifft am ehesten auf Ihre Gottesbeziehung zu?

- *Abgekoppelt.* Ihre Beziehung zu Gott ist eher distanziert. Möglicherweise ist Gott Ihnen sogar praktisch gleichgültig. Für Ihre alltäglichen Belange ist Gott weitgehend bedeutungslos. Sie wissen wohl eine Menge *über* ihn, aber als Person ist er Ihnen fremd geblieben.
- *Eine lose Bekanntschaft.* Sie versuchen, zu beten und sich von Zeit zu Zeit einmal bei Gott sehen zu lassen, vor allem, wenn Sie gerade in Schwierigkeiten stecken. Im Laufe Ihres Lebens als Christ gab es aber immer wieder einmal Zeiten, in denen Sie sich Gott nahe gefühlt haben.
- *Partnerschaftliche Verbundenheit.* Ihre Beziehung zu Gott ist im Allgemeinen wie eine Arbeitsbeziehung. Sie beten und als Gegenleistung für Gottes Hilfe und sein Eingreifen in Ihrem Leben folgen Sie

seinen Anweisungen. Sie sind bemüht, Gott mit Respekt zu begegnen, und wissen, dass er für Sie da ist.

- *Enge Vertrautheit.* Sie haben Jesus als einen persönlichen Freund kennen gelernt. Die Beziehung zu ihm ist für Sie eine Herzenssache; Sie schätzen ihn und möchten ihn in Ihrem Leben nicht mehr missen. In Zeiten geistlicher Dürre vermissen Sie seine spürbare Gegenwart.
- *»in-ihm-Bleiben«.* Es ist für Sie das allergrößte Geschenk, seine Gegenwart in Ihrem Alltag zu erleben. Sie halten nichts vor ihm verborgen, weil Sie ihm voll und ganz vertrauen. Alles, was Sie für ihn tun, tun Sie aus einer innigen Verbundenheit mit ihm heraus. Ihre persönlichen Ziele und seine göttlichen Absichten gleichen sich einander immer mehr an.

Zu welchem Ergebnis sind Sie gekommen? Ich bitte Sie inständig, diese kleine Aufgabe sehr ernst zu nehmen. Immerhin geht es um die Frucht und persönliche Erfüllung in Ihrem geistlichen Leben, also um ein tiefes Herzensanliegen Gottes.

Seit dem Garten Eden ist es Gottes Traum, eins mit seinen Kindern zu sein. Die ganze Menschheitsgeschichte hindurch hat Gott die Versöhnung und Vereinigung mit uns Menschen gesucht. »Alles, was Gott in der Seele des Gläubigen tut, dient dazu, dass wir zur Einheit mit ihm gelangen«, schrieb Hannah Whitehall Smith.

Der Gott des Universums sucht Ihre Nähe. Verschwenden Sie keinen einzigen Tag mehr fern von ihm. Bitten Sie Gott, Ihnen zu zeigen, was Sie konkret tun können, um die wichtigste Beziehung Ihres Lebens zu vertiefen.

Anregung für Ihr Tagebuch

Herr, es ist schon ein erstaunlicher Gedanke, dass dir so viel daran gelegen ist, mir nahe zu sein! Du bist immer ganz nahe bei mir. Bitte zeige mir, wie ich mich dir heute nähern kann.

Menschliche Gemeinschaft macht vieles möglich,
doch bei weitem nicht alles.
Die Gemeinschaft mit Gott eröffnet alle Möglichkeiten.
Oswald Chambers

Die Seele, die Gott gefunden hat und ihm dennoch weiter nachjagt,
ist ein Paradox der Liebe, welches gewissen religiösen Leuten,
die allzu leicht zufrieden zu stellen sind, zutiefst suspekt ist.
Wer das brennende Herz der Gotteskinder erlebt,
der hat freilich keinen Zweifel daran,
dass dieses Paradox der Liebe etwas sehr Reales ist.
A. W. Tozer

24. Tag

Die Person, die Sie suchen

Wie die Rebe aus sich keine Frucht bringen kann,
sondern nur, wenn sie am Weinstock bleibt,
so könnt auch ihr keine Frucht bringen,
wenn ihr nicht in mir bleibt.
Johannes 15,4

Im Neuen Testament wird eine Person erwähnt, die scheinbar ganz intuitiv begriffen hatte, was es bedeutet, in Jesus zu bleiben. Diese Person heißt Maria. Sie lebte mit ihrer älteren Schwester Marta und ihrem Bruder Lazarus in Betanien, einem kleinen Dorf in der Nähe von Jerusalem. Diese drei Menschen, die offensichtlich zusammenlebten und scheinbar alle unverheiratet und kinderlos waren, standen Jesus besonders nahe. Johannes berichtet: »Jesus liebte Marta, ihre Schwester und Lazarus« (Johannes 11,5).

Eines Tages, als Jesus und seine Jünger einmal bei den drei Geschwistern zu Gast waren, da tat Marta das, was wohl jeder vernünftige Gastgeber tun würde. Sie legte sich ins Zeug, damit es ihren Gästen an nichts fehlte. Maria hingegen machte keine Anstalten, ihr zu helfen. Bei Lukas lesen wir: »Maria setzte sich dem Herrn zu Füßen und hörte seinen Worten zu. Marta aber war ganz davon in Anspruch genommen, für ihn zu sorgen« (Lukas 10,39–40).

Versuchen Sie einmal, sich diese Szene vor Augen zu führen: ein prominenter Gast, Scharen von hungrigen Gästen, Marta, die förmlich rotiert, um der Arbeit Herr zu werden. Doch inmitten der ganzen Hektik und dem Berg von Aufgaben sitzt da eine Person zu Jesu Füßen – sie hört einfach zu, mit weit aufgerissenen Augen, und kann gar nicht genug von Jesus bekommen.

Maria entschied sich, in Jesus zu bleiben. Als Marta schließlich hereinkam und Jesus fragte, ob er ihre Schwester nicht dafür zurechtweisen wolle, dass sie gar keine Anstalten machte, ihm zu dienen,

antwortete er, dass er das nicht tun könne. Warum nicht? Weil Maria sich entschieden hatte, einfach *bei* ihm zu sein, und eine bessere Entscheidung hätte sie gar nicht treffen können.
Allzu leicht verwechseln wir dieses »in-ihm-Bleiben« mit einem wagen mystischen Gefühl. Jesus möchte jedoch, dass wir das »Bleiben« in erster Linie als eine ganz praktische und real erlebbare Angelegenheit begreifen:

- Da ist ein solider Weinstock voller Saft und Kraft und eine Rebe, die aus ihm hervorgeht – und im Verborgenen der Leben spendende Strom, der an der Stelle vom Weinstock in die Rebe schießt, an der sie miteinander verbunden sind.
- Da stehen elf Männer im Lampenschein und neigen sich mit angehaltenem Atem zu Jesus herüber, um nur ja kein Wort ihres geliebten Herrn und Freundes zu verpassen.
- Da sitzt eine Frau am Boden, ganz still, obwohl in der Küche Berge von Arbeit auf sie warten, und schaut gebannt in Gottes Angesicht.

Anhand dieser kleinen Szene in dem Haus in Betanien können wir lernen, was es heißt, in Jesus zu bleiben.
Es geht um eine Person, nicht um ein Programm oder um eine bestimmte dogmatische Position. Es geht nicht um bestimmte Gottesdienste oder äußere Formen. Zu Jesu Füßen zu sitzen hatte für Maria Priorität. Sie nahm sich Zeit für ihn, nahm um seinetwillen Kritik auf sich und schenkte ihm ihre ganze Aufmerksamkeit. Es ging ihr nur darum, mit Jesus zusammen zu sein.
Jeder Christ kann jederzeit und überall in Jesus bleiben. Die Freunde Jesu in Betanien mussten sich gedulden, bis Jesus ihr Dorf besuchte. Wir dagegen haben Gott allezeit bei uns (Johannes 14,16–17). Wir können in ihm bleiben, unabhängig von unserem Alter und unserem geistlichen Reifestand. Wir können in ihm bleiben, ob wir im Stau stehen oder beim Arzt sind oder ob wir zu Hause die Schmutzwäsche sortieren. In ihm zu bleiben ist auch völlig unabhängig von unserer Persönlichkeit, unserem familiären Hintergrund, unserem Bildungsstand oder davon, welcher Art von Gemeinde wir angehören.

Es gibt keine Einschränkung darin, wie tief wir mit Jesus verbunden sein können. Obwohl Jesus häufiger in Betanien einkehrte, hatte Maria nicht das Gefühl, ihm so nahe zu sein, wie sie es sein könnte. Ebenso wie die Verbindung zwischen Weinstock und Rebe sich verstärken kann, so kann auch unsere Beziehung zum Herrn potentiell immer weiter wachsen. A. W. Tozer schrieb: »Ein Gefäß, welches an Größe zunimmt, während es gefüllt wird, wird niemals ganz voll sein. So ist es auch mit unserer Seele. Je mehr sie erbittet, umso mehr wird ihr gegeben. Und je mehr sie empfängt, desto mehr wird sie an Größe zunehmen.«

Wir werden es nur wirklich genießen können, in ihm zu bleiben, wenn wir uns bewusst darum bemühen. Die Fähigkeit, in Jesus zu bleiben, fällt uns nicht in den Schoß. Es wird immer die Versuchung geben, uns durch »wichtige Aufgaben« davon ablenken zu lassen. Selbst der Dienst für Gott kann zu einer Ablenkung werden. Darum hat Jesus seinen Jüngern ausdrücklich die Anweisung gegeben, in ihm zu bleiben. Was er meinte, ist in etwa Folgendes: »Ich bleibe in euch – nun müsst ihr euch ganz bewusst entschließen, in mir zu bleiben.«

Sehen Sie sich hierbei scheinbar unüberwindlichen Hindernissen gegenübergestellt? Dann halten Sie sich vor Augen, wie radikal Maria ihre Entscheidung getroffen hat, in welcher Situation sie es tat und wie eindeutig ihr Jesus dabei den Rücken gestärkt hat. Denken Sie auch an das Beispiel von Susannah Wesley. Sie war Mutter von zwei Dutzend lebhaften Kindern (unter ihnen auch John und Charles Wesley). Dennoch brachte sie es fertig, in Jesus zu bleiben. Wann immer sie sich eine Tasche über den Kopf zog, wussten die Kinder, dass Mama nicht zu sprechen war, weil sie gerade Zeit mit Gott verbrachte. Die Früchte des Lebens dieser Frau (die zweifelsohne eine der wichtigsten Personen in der Erweckungsgeschichte darstellt) sind bis heute nicht zu übersehen.

Vielleicht sollten auch Sie sich heute irgendwann eine alte Jutetasche über den Kopf ziehen!

Anregung für Ihr Tagebuch

Versuchen Sie sich einmal zu vergegenwärtigen, was Ihren besten Freund bzw. Ihre beste Freundin (abgesehen von Ihrem Ehepartner) in Ihren Augen so wertvoll macht – und was er/sie tut, um diese Freundschaft aufrechtzuerhalten. Fragen Sie sich, wie Sie Gott Ihre Freundschaft zu ihm heute in ähnlicher Weise zeigen könnten.

Wir sind dazu berufen, uns allezeit voll und ganz
mit Gott zu beschäftigen.
A. W. Tozer

Was wir gesehen und gehört haben,
das verkünden wir auch euch,
damit auch ihr Gemeinschaft mit uns habt.
Wir aber haben Gemeinschaft mit dem Vater
und mit seinem Sohn Jesus Christus.
1. Johannes 1,3

25. Tag

»Bleibt in meiner Liebe«

Wie mich der Vater geliebt hat,
so habe auch ich euch geliebt. Bleibt in meiner Liebe!
Johannes 15,9

Nachdem Sharon *Das Geheimnis des Weinstocks* gelesen hatte, schrieb sie, es habe sie besonders angesprochen, dass die meisten Christen Mühe damit hätten, in Jesus zu bleiben, weil sie sich letztendlich nicht sicher sind, dass ihm etwas an uns gelegen ist.

»So traurig es ist, es ist leider nur allzu wahr!«, schrieb sie. »Ich habe immer die Vorstellung, dass Gott mich irgendwie negativ sieht und enttäuscht von mir ist. Die Vorstellung, Gott könnte wirklich Freude daran haben, mit mir zusammen zu sein, ist mir vollkommen fremd.«

Sharon ist beileibe nicht die Einzige, der es so geht. Zahllose Christen plagen sich mit der Vorstellung, dass Gott übel meinend und letztlich nicht wirklich vertrauenswürdig sei. Möglicherweise gehören auch Sie dazu. Vordergründig nehmen Sie vielleicht an, dass Gott Sie liebt – schließlich gehört es ja zu seinen Aufgaben, die Welt zu lieben. Tief in Ihrem Herzen jedoch sind Sie davon überzeugt, dass Gott Sie persönlich nicht sonderlich mag. Sicher, er errettet Sie und er bringt auch Ihr Leben in Ordnung. Aber dass er einfach nur bei Ihnen ist und sich an Ihnen freut, so wie Sie sind, erscheint Ihnen abwegig. »Dazu kennt er mich doch viel zu gut!«, wenden Sie ein. »Wie sollte er sich da an mir freuen?«

Wie würden Sie Gottes Haltung Ihnen gegenüber beschreiben? Nehmen Sie sich ein paar Minuten Zeit und versuchen Sie, anhand der nachfolgenden Skala, anzugeben, welche Vorstellung von Gott Sie derzeit haben:

KLEINLICH — GROSSZÜGIG
1 2 3 4 5 6 7 8 9 10

STRENG — GNÄDIG
1 2 3 4 5 6 7 8 9 10

GLEICHGÜLTIG — AUFMERKSAM
1 2 3 4 5 6 7 8 9 10

AUFBRAUSEND — LANGMÜTIG
1 2 3 4 5 6 7 8 9 10

Wenn Ihr Urteil in allen vier Punkten eher zum rechten Ende der Skala hin tendiert, dann haben Sie ein zutreffendes Bild von Gott. Wie ich das so genau weiß? Nun, als Mose, der viel Zeit in Gottes Gegenwart verbrachte, Gott einmal bat, ihm seine Herrlichkeit zu zeigen, da zeichnete Gott ein bemerkenswertes Selbstportrait. Er beschrieb sich selbst als einen »barmherzige[n] und gnädige[n] Gott, langmütig, reich an Huld und Treue« (Exodus 34,6).

Wenn Ihre Einschätzung dagegen bei den meisten oder gar allen Punkten auf der Skala sehr weit links liegt, dann können Sie die Dinge, die Sharon schreibt, sicher gut nachempfinden. In diesem Falle wird Ihnen die Aussicht, Gott näher zu kommen, weder sehr realistisch erscheinen noch werden Sie den dringenden Wunsch danach empfinden.

Ich darf Ihnen versichern, dass Gott ungemein daran gelegen ist, Ihre Perspektive so zurechtzurücken, dass sie der Wirklichkeit entspricht. Wenn Sie Gott erst einmal so sehen, wie er wirklich ist, dann eröffnet sich vor Ihnen jener weite Raum, in dem Sie nach Gottes Willen »bleiben« sollen.

Versetzen Sie sich einmal in die folgende Geschichte hinein:

Mal angenommen, Sie nehmen sich nun schon seit gut drei Wochen regelmäßig Zeit, um »in Gott zu bleiben«. Es läuft, gelinde gesagt, ziemlich schlecht. Morgens kommen Sie laufend zu spät zur Arbeit. Gestern Abend vor dem Schlafengehen hatten Sie ein heftiges Wortgefecht mit Ihrem Teenager. Am Ende waren Sie so erregt, dass Sie schließlich nach draußen gegangen sind, um eine Zigarette zu rauchen. Dabei dachten Sie, dass Sie diese dumme Angewohnheit schon seit einigen Monaten endgültig abgelegt hätten.

Heute Morgen haben Sie verschlafen. Voller Eile und Selbstvorwürfe und mit ungeputzten Zähnen greifen Sie nach Ihrer Bibel, um Ihre morgendliche Stille Zeit zu beginnen. Da plötzlich ...

Sie erblicken einen Engel, der auf Ihrem Stuhl Platz genommen hat! Sein Gesicht leuchtet und seine ganze Statur ist von einem wunderbaren Schein umhüllt.

»Was ... was machen Sie hier?«, fragen Sie mit weit aufgerissenen Augen.

»Ich habe hier ein Treffen mit Gott«, antwortet der Engel ruhig. »Wir sind morgens miteinander verabredet.«
»Ach, Sie auch?«, entfährt es Ihnen.

Diese erfundene Anekdote bringt mich zu meiner Frage: Mal angenommen, Gott könnte an jenem Morgen nur eine Verabredung einhalten, wen würde er wohl treffen wollen – Sie oder den Engel?
Da gäbe es überhaupt keine Frage. Ohne auch nur einen Moment zu zögern würde Gott die Verabredung mit Ihnen vorziehen. Anders als der Engel wurden Sie nach dem Bilde Gottes geschaffen, um in einer vertrauten Beziehung zu ihm zu leben. Gott weiß alles über Sie – das Schöne ebenso wie das Hässliche – und er liebt Sie. Seine Liebe ist absolut bedingungslos, denn er selbst *ist* Liebe (1. Johannes 4,16)!
Hier noch eine weitere Tatsache, die Sie vielleicht schockieren mag: Gott sehnt sich ungleich mehr danach, in Ihnen zu bleiben als umgekehrt. Als er in den Sphären der Ewigkeit die Stränge Ihrer DNS aufwickelte, da hatte er niemand anderen als Sie im Sinn. Er schuf Sie – gerade Sie – mit voller Absicht und von freudiger Erwartung erfüllt. Was auch immer Sie tun, nichts wird jemals etwas daran ändern, dass Gott seinen Sohn sandte, um für Sie zu sterben. Und heute sucht er Ihre Gemeinschaft, weil er sich nach Ihnen sehnt.
Ich hoffe, Sie werden Ihre Verabredung einhalten.

Anregung für Ihr Tagebuch

Welche falschen Vorstellungen sind es, die mich von Gott entfremden? Was möchte Gott mir möglicherweise heute dazu sagen?

Wie schwierig sind für mich, o Gott, deine Gedanken,
wie gewaltig ist ihre Zahl!
Wollte ich sie zählen, es wären mehr als der Sand.
Psalm 139,17–18

26. Tag

Nicht nur geistliche Übungen

Wie der Hirsch lechzt nach frischem Wasser,
so lechzt meine Seele, Gott, nach dir.
Meine Seele dürstet nach Gott, nach dem lebendigen Gott.
Wann darf ich kommen und Gottes Antlitz schauen?
Psalm 42,1–2

Ich erinnere mich noch gut daran, wie ich als junger Mann an das theologische Seminar ging und fest entschlossen war, dem Geheimnis eines geistlichen Lebens auf die Spur zu kommen. Als der erste Schulgottesdienst kam, da hatte ich, wie es schien, alles, was man so für den geistlichen Erfolg brauchte. Ein nagelneues Altes Testament in Hebräisch, ein Neues Testament in Griechisch und eine ganze Tasche voll mit Büchern über theologische Auslegungen.

Als ich hörte, worüber Dr. John Walvoord, der Direktor unseres Seminars, an jenem Tag sprechen würde, da schätzte ich mich überglücklich. Das Thema lautete »Die Geheimnisse des geistlichen Lebens«. Mein Theologiestudium hatte noch gar nicht richtig begonnen und schon sollte ich genau das erfahren, wonach ich suchte.

Gleich zu Beginn nannte Dr. Walvoord uns die drei Eckpunkte seiner Predigt. »Es gibt drei Geheimnisse«, sagte er und ich drückte in aller Eile den Aufnahmeknopf meines Diktiergeräts. »Lesen Sie jeden Tag in der Bibel, beten Sie allezeit und geben Sie Ihren Glauben an andere Menschen weiter, die Jesus noch nicht kennen«, so offenbarte er uns.

All mein Enthusiasmus war auf einen Schlag verflogen. Diese »Geheimnisse« hatte ich doch schon seit meiner Kindheit immer und immer wieder gehört!

Wenn ich heute auf Dr. Walvoords Ratschläge zurückblicke, dann erkenne ich, dass er vollkommen Recht hatte. Wenn wir uns darum bemühen, Gott besser kennen zu lernen, dann sind gerade die ganz einfachen Dinge besonders Erfolg versprechend. Die Geheimnisse des

»Bleibens« in Jesus, um die es hier geht, haben Sie sicherlich auch irgendwo schon einmal gehört. Nur – haben Sie sie auch in Ihrem Alltag umgesetzt?

Ich möchte Ihnen hier drei praktische Schritte vorschlagen, die vielleicht sehr einfach erscheinen, die aber absolut unverzichtbar sind, wenn Sie in Jesus bleiben wollen:

1. *Planen Sie eine Zeit ein, die Sie mit Gott verbringen.* Nehmen Sie sich ganz bewusst Zeit dafür, am besten morgens, wenn Sie noch ganz »frisch« sind. Suchen Sie sich einen bequemen und ruhigen Ort dafür, an den Sie sich jeden Tag zurückziehen können. In der Regel müssen wir das eine oder andere aufgeben, wenn wir unsere Prioritäten umschichten. Überlegen Sie sich also genau, was weniger wichtig ist.
2. *Praktizieren Sie die wichtigsten Übungen des geistlichen Lebens.* In Jesus zu bleiben bedeutet zwar nicht, dass wir härter arbeiten müssen, aber dennoch ist es unsere Verantwortung, die nötigen Schritte zu ergreifen. Das »Bleiben« ist in keiner Weise passiv, wir müssen uns ganz aktiv dafür entscheiden. Hier die wesentlichen geistlichen Übungen:

- *Lesen Sie in der Bibel.* Das Wort Gottes ist unsere wichtigste Quelle überhaupt. Nehmen Sie es als einen Brief Gottes an Sie. Wenn Sie nicht wissen, wo Sie anfangen sollen, dann beginnen Sie mit den Psalmen und dem Buch der Sprichwörter und lesen Sie dann in den Evangelien oder in einem der neutestamentlichen Briefe. Es geht überhaupt nicht darum, möglichst viel zu lesen. Lesen Sie so lange, bis Ihr Herz und Ihr Verstand offen sind, um Gottes Reden zu hören.
- *Beten Sie.* Beginnen Sie mit einem kurzen Gebet aus einem oder zwei Sätzen in Ihrem Tagebuch. Beten Sie auch laut, wenn Ihnen das hilft, sich zu konzentrieren. Schreiben Sie Gottes Antworten auf Ihre Gebete in Ihr Tagebuch. Seien Sie ehrlich, respektvoll und hören Sie gut hin. Sie haben es mit einer wirklichen Person zu tun und das Gespräch, das Sie mit ihr führen, ist wichtiger als alles andere in Ihrem Leben.

- *Loben Sie Gott.* Bringen Sie ihm Ihre Dankbarkeit und Ihre Anbetung zum Ausdruck. Wenn Sie Gott loben, hat das eine ganze Reihe von positiven Auswirkungen. Ihr Vertrauen auf Gott nimmt zu, Ihre Freude wächst und in Ihnen macht sich Hoffnung breit.
- *Führen Sie ein geistliches Tagebuch.* Schreiben Sie auf, was Sie lernen, welche Bibelverse Sie sich einprägen wollen und was Sie Gott gerne mitteilen möchten. Wenn Sie von Zeit zu Zeit einmal die Eintragungen in Ihrem Tagbuch zurückverfolgen, dann haben Sie einen guten Gradmesser dafür, wie sich Ihr geistliches Leben entwickelt. Es ist quasi ein Logbuch Ihrer Beziehung zu Gott.
- *Fasten Sie.* Beim Fasten bringen Sie Gott Ihre tiefsten Bedürfnisse als Akt des Glaubens und der Anbetung dar, indem Sie ihn bitten, sie zu stillen. Selbst kurzes Fasten kann Ihren Geist sensibilisieren und Ihr Gebet verstärken.

All diese Dinge setzen unser aktives Bemühen voraus (darum sprechen wir von geistlichen *Übungen*). Doch so einfach sie auch sind, sie bringen doch bleibende Veränderung. Generationen von Menschen, die ihren Weg mit Gott gegangen sind, können dies bezeugen. Ob Sie nun achtzehn oder achtundsiebzig Jahre alt sind, diese geistlichen Übungen können Ihr geistliches Leben so dramatisch verändern, dass Sie schon bald ein Maß an Fruchtbarkeit und Erfüllung erleben werden, wie Sie es bislang kaum für möglich gehalten hätten.

Bedauerlicherweise ist es durchaus möglich, jede dieser Übungen auszuführen, ohne dabei in Jesus zu bleiben. Dies ist unter Christen sogar relativ verbreitet. Geistliche Übungen sind jedoch lediglich Methoden. »In ihm bleiben« hingegen bedeutet, eine dynamische Beziehung einzugehen, die persönliche Erneuerung bewirkt und sich nicht auf sichtbare Anzeichen reduzieren lässt.

Deshalb ist mein dritter Vorschlag vielleicht der Allerwichtigste von allen:

3. *Suchen Sie Gott von ganzem Herzen und nehmen Sie sich fest vor, ihn zu suchen, bis Sie ihn gefunden haben.* Wenn Sie dies tun, dann beginnen Sie, in Jesus zu bleiben. Ich kann das so sagen, weil Gott selbst dafür garantiert: »Sucht die Nähe Gottes; dann wird er sich

euch nähern« (Jakobus 4,8). »Sucht ihr mich, so findet ihr mich. Wenn ihr von ganzem Herzen nach mir fragt« (Jeremia 29,13).

Die Tatsache, dass Sie diese Sätze lesen, zeigt, dass Sie den tiefen Wunsch hegen, Gott nahe zu sein. Ihre Seele sehnt sich nach ihm, so wie der Hirsch sich nach dem Wasser sehnt, wie es in unserer heutigen Bibelstelle hieß. Machen Sie sich heute auf die Suche nach Gott und lassen Sie nie wieder von ihm ab.
Wenn Sie sich auf ihn zubewegen, wird er Ihnen entgegenkommen.

Anregung für Ihr Tagebuch

Wie würde ich einem guten Freund beschreiben, wie ich in der Regel meine Andachtszeit halte? In welchem der genannten Bereiche möchte Gott insbesondere mehr Wachstum bei mir sehen?

Mein Herz denkt an dein Wort: »Sucht mein Angesicht!«
Dein Angesicht, Herr, will ich suchen.
Psalm 27,8

Herr, ich weiß nicht, was ich von dir erbitten soll;
nur du weißt, was ich brauche. Ich gebe mich einfach dir hin;
ich gebe dir mein Herz.
Ich will nichts anderes, als nur deinen Willen zu tun.
Bitte lehre mich beten.
François Fénelon

27. Tag

Das Mass der Freundschaft

Der Herr ist allen, die ihn anrufen, nahe,
allen, die zu ihm aufrichtig rufen.
Psalm 145,18

Sie würden Mariana sofort erkennen. Wie viele junge Mütter hat sie mit ihrem Gewicht zu kämpfen, seit ihr erstes Kind zur Welt gekommen ist. Meine Frau lernte sie auf einer Gemeindefreizeit kennen. Marina aß eine Grapefruit zum Frühstück und dabei zählte sie all die verschiedenen Diäten auf, die sie schon ausprobiert hatte. Gerade hatte sie ihre siebzehnte Diät abgebrochen. »An den Diäten ist sicher nichts auszusetzen«, meinte sie, »das Problem bin ich. Es ist immer dasselbe. Irgendwann gebe ich auf und ehe ich mich versehe, sind die Pfunde wieder da. Da lasse ich das Ganze doch lieber gleich!«

Vielleicht können Sie das, was Mariana hier beschreibt, ohne Abstriche auf Ihr geistliches Leben übertragen. Wie viele Leute haben mir schon berichtet, dass ihre Bemühungen, morgens zeitiger aufzustehen, um ein wenig mehr Zeit mit dem Herrn zu verbringen, immer gerade mal ein paar Wochen andauern! »Irgendwie glaube ich, dass ich tief in meinem Innern eigentlich ein Ägypter bin«, gestand mir unlängst ein chinesischer Student mit einem breiten Grinsen im Gesicht. Er berichtete, dass er sich jedes Jahr von neuem vornehme, die Bibel vom Anfang bis zum Ende durchzulesen, doch jedes Mal, wenn er an die Stelle gelange, wo das Heer der Ägypter im Schilfmeer versinkt (Exodus 14), ginge sein Bibelleseplan baden.

Wenn Gott, der liebende Vater, uns dazu einlädt, in ihm zu bleiben, wenn er es von uns erwartet und wenn dies die einzige Möglichkeit ist, wirklich geistliches Leben in Fülle zu erlangen, warum gelingt es nur so wenigen von uns?

Nach allem, was mir Hunderte von Christen berichtet haben, scheint mir das größte Hindernis darin zu bestehen, dass wir unseren Erfolg daran messen, wie wir uns fühlen, und nur durch unsere Gefühle motiviert sind. Wenn wir in Jesus bleiben, so meinen wir, müsste sich das dadurch bemerkbar machen, dass wir uns ihm besonders verbunden fühlen und ein starkes, unerschütterliches Bewusstsein seiner Nähe haben; das Feuer der Begeisterung in uns dürfe niemals erlöschen. Wenn wir dagegen nur wenig oder gar nichts spüren, dann schließen wir daraus, dass uns seine Nähe irgendwie abhanden gekommen ist. Da uns der Versuch, »in Jesus zu bleiben«, ohnehin ständig Versagen und Schuldgefühle einträgt, versuchen wir es irgendwann gar nicht mehr.

Dabei sind unsere Gefühle von vielen Faktoren abhängig: davon, ob wir gerade ängstlich oder bedrückt sind, von unserem Temperament, von unserer momentanen körperlichen Verfassung, ob wir ausgeschlafen sind oder davon, wie viel Kaffee wir getrunken haben. Jeder weiß, wie destruktiv es sein kann, wenn wir die Beziehung zu unserem Ehepartner oder zu anderen engen Freunden ausschließlich daran messen, wie wir uns gerade fühlen. Warum sollte das in der Beziehung zu Gott anders sein?

Eine Schwierigkeit besteht darin, dass wir versuchen, das fehlende Gefühl irgendwie zu produzieren. In den letzten 25 Jahren gab es innerhalb der Kirche eine Bewegung, in der die Gefühle sehr in den Vordergrund gestellt wurden. Manche Leute machen die Gefühle zum Gradmesser dafür, ob wir Gott auch wirklich von ganzem Herzen anbeten, ob wir ihm nahe sind oder wie wir uns über Gottes Führung in unserem Leben klar werden.

Leider kommen allzu viele Christen nach einem emotional anregenden Gottesdienst nach Hause und leben dann den Rest der Woche in einer Weise, die Gott geradezu missachtet, beleidigt und entehrt. Sie haben ein wohliges Gefühlsbad erlebt – Gott als Person sind sie jedoch nicht wirklich begegnet. Die Bibel lässt jedoch keinen Zweifel daran: »Wenn wir sagen, dass wir Gemeinschaft mit ihm haben, und doch in der Finsternis leben, lügen wir und tun nicht die Wahrheit« (1. Johannes 1,6).

Letztendlich ist der Entschluss, in ihm zu bleiben, ein Geschenk des Glaubens, das wir Gott aus einer echten Herzensentscheidung und einer wirklichen Achtung heraus machen. Er ist ein Geschenk des Glaubens, weil wir seinem Wort vertrauen. Es ist eine Herzensentscheidung, weil wir seine Gegenwart und die Frucht, die er uns verheißt, höher achten als kurzfristige Gefühle, und schließlich entsteht dieser Entschluss aus einer wirklichen Achtung heraus, weil eine Beziehung ohne Achtung keinen Bestand hat.

Gott sei Dank sind unsere Emotionen aber sehr wohl auch ein wunderbarer Bestandteil unseres geistlichen Lebens. Die Gefühle von Erleichterung und Begeisterung in Glaubensangelegenheiten sind Gott durchaus wichtig. Dennoch sind Sie ihm als ganzer Mensch, mit Verstand, Herz, Leib, Seele und Geist, wichtig und die Einladung zu jenem Abenteuer der Beziehung mit ihm gilt jedem Einzelnen.

Wenn Sie, wie Mariana, Vorbehalte haben, sich noch einmal auf den Versuch einzulassen, in Jesus zu bleiben, dann habe ich gute Neuigkeiten für Sie: Sie brauchen nicht noch mehr zu beten und in der Bibel zu lesen – alles, worauf es ankommt, ist, dass Sie sich mehr nach Gott selbst ausstrecken.

Machen Sie zwei Stühle an Ihrem Tisch frei, denn draußen vor der Tür steht jemand, der Sie unbedingt sehen möchte. Was er Ihnen heute sagen möchte, ist dasselbe, was er Ihnen schon immer sagen wollte: »Ich stehe vor der Tür und klopfe an. Wer meine Stimme hört und die Tür öffnet, bei dem werde ich eintreten, und wir werden Mahl halten, ich mit ihm und er mit mir« (Offenbarung 3,20).

Er klopft auch heute wieder an die Tür Ihres Herzens. Wollen Sie ihn hereinlassen? Dann öffnen Sie ihm einfach und bitten Sie ihn, einzutreten.

Anregung für Ihr Tagebuch

Inwieweit habe ich die Bedeutung der Emotionen in meiner Beziehung zum Herrn falsch eingeschätzt? Wie würde sich mein »in-ihm-Bleiben« ändern, wenn ich aufhören würde, meine Emotionen zum Maßstab zu machen?

Menschen, die nur in ihren Gefühlen leben, erkennen dies oft nicht.
Sie fühlen sich so eins mit dem Herrn, dass sie in diesem Gefühl
gefangen bleiben und oft einer Selbsttäuschung verfallen.
Sie meinen, sie wären in Einheit mit dem Herrn,
und merken gar nicht, dass ihr Wesen und ihr Streben
noch ganz und gar von ihrer Liebe zu sich selbst durchdrungen sind.
Hannah Whitehall Smith

Sucht ihr mich, so findet ihr mich.
Wenn ihr von ganzem Herzen nach mir fragt,
lasse ich mich von euch finden.
Jeremia 29,13

28. Tag

»Unendlich viel mehr«

... und die Liebe Christi zu verstehen, die alle Erkenntnis übersteigt.
So werdet ihr mehr und mehr von der ganzen Fülle Gottes erfüllt.
Er aber, der durch die Macht, die in uns wirkt,
unendlich viel mehr tun kann,
als wir erbitten oder uns ausdenken können, ...
Epheser 3,19–20

»Ein Mann, der seit 1914 als ordinierter Pastor wirkt, müsste sich eigentlich schämen, zuzugeben, dass er nie erlebt hat, was es heißt, sich voller Freude ganz Gott zu unterstellen«, so schrieb Frank Laubach im Jahre 1930 über sich selbst. Er war zu jener Zeit bereits seit vielen Jahren Missionar auf den Philippinen. Nachdem er jedoch von einer, wie er es nannte, »tiefen Unzufriedenheit« ergriffen wurde, entschloss er sich, künftig jeden Moment ganz bewusst aus der Gegenwart Gottes heraus zu leben.

Die meisten seiner Freunde sagten ihm, dies ginge nicht, aber Laubach war fest entschlossen. Um entscheiden zu können, was es ganz praktisch heißt, in Jesus zu bleiben, stellte er im Gebet beständig die Frage: »Vater, was willst du *in diesem Moment* von mir?« Laubach war davon überzeugt, dass Jesus genau so gelebt hat.

Von da an veränderte sich sein Leben. Nachdem er Gott einige Monate immer wieder diese Frage gestellt hatte, schrieb er in sein Tagebuch: »Mein Denken ist klarer. Ich vergesse auch weniger. Dinge, die mich vorher immer viel Anstrengung gekostet haben, sind heute leicht und relativ mühelos zu bewältigen. Ich mache mir keine Sorgen. Ich habe keine schlaflosen Nächte. Es ist, als würde ich auf Wolken gehen. Wenn ich in den Spiegel schaue, dann sehe ich ein ganz neues Leuchten in meinen Augen.«

Haben Sie schon einmal ähnliche Auswirkungen festgestellt, wenn Sie sich ganz bewusst entschlossen haben, in Jesus zu bleiben? Ich möchte, dass Sie erkennen, dass Gott Sie beständig mit seiner wunderbaren Gegenwart beschenken will.

Laubach fand einen Aspekt des Bleibens in Jesus, der vielen entgeht. Allzu oft lassen wir Gott in unserem Studierzimmer oder neben unserem Lesesessel zurück, wenn wir unsere Andachtszeit abgeschlossen haben. Am Bild der Rebe können wir jedoch sehen, dass wir dafür geschaffen wurden, *ohne Unterlass* mit ihm verbunden zu sein. Wir können in den Tag gehen und dabei dennoch ganz und gar in ihm bleiben.

Bruder Lawrence nannte diese Form der Gemeinschaft »Gottes Gegenwart praktizieren«. Laubach stellte fest, dass wir erstaunliche und sehr greifbare Dinge erleben, wenn wir Gott mit einer solchen Ausdauer und Intensität suchen. Zum Beispiel:

Wenn wir ohne Unterlass in ihm bleiben, dann werden wir an Leib, Seele und Geist erneuert. Allzu leicht vergessen wir, dass wir, um Gottes Werk zu tun, seine Gegenwart und Kraft brauchen! Je mehr Erfahrung wir gesammelt haben, desto leichter geraten wir in Versuchung, auf unser Können und unseren Ruf zu bauen. Doch wie Arlen, den wir zu Anfang dieser Woche kennen gelernt haben, finden wir uns irgendwann vor einem göttlichen Stoppschild wieder.

Wenn wir ohne Unterlass in ihm bleiben, beugen wir auch der drohenden Erschöpfung vor, weil wir fortwährend neu aufgefüllt werden. Sie können sich den Heiligen Geist wie den Saft vorstellen, der durch den Weinstock fließt. Wenn wir mit dem Weinstock verbunden bleiben, dann werden wir »Tag für Tag erneuert« (2. Korinther 4,16).

Wenn wir ohne Unterlass in ihm bleiben, dann nimmt unser geistliches Unterscheidungsvermögen zu. Paulus gab im Kolosserbrief folgende Anweisung: »Das Wort Christi wohne mit seinem ganzen Reichtum bei euch« (Kolosser 2,13). Es braucht Zeit, diesen Reichtum in sich aufzunehmen. Wenn wir in Jesus bleiben, dann verstehen wir seinen Willen immer besser. Laubach schrieb: »Von Tag zu Tag wächst in mir das Bewusstsein, dass eine unsichtbare Hand die meine ergriffen hat und mich führt, während eine andere Hand den Weg vor mir bereitet.«

Wenn wir ohne Unterlass in ihm bleiben, dann werden wir im Herzen verändert. Jeder von uns kann sicher bezeugen, dass Ehepaare, die seit Jahren verheiratet sind, einander immer ähnlicher werden, in der Art, wie sie denken und reden, ja sogar in ihrem Aussehen. In der Bibel lesen wir: »Wer mit Weisen unterwegs ist, wird weise« (Sprichwörter 13,20). Ebenso ergeht es uns, wenn wir viel Zeit in der Nähe Jesu verbringen. Wir werden mehr und mehr in sein Ebenbild verwandelt und er verleiht unserem Dienst eine völlig neue Dynamik und Wirksamkeit.

Wenn wir ohne Unterlass in ihm bleiben, dann verändert sich die Art und Weise, wie wir beten – und Gott beantwortet unser Gebet! Denken Sie an jene erstaunliche Verheißung Jesu in Johannes 15,7: »Wenn ihr in mir bleibt und wenn meine Worte in euch bleiben, dann bittet um alles, was ihr wollt: Ihr werdet es erhalten.« Er wiederholt dieselbe Zusage sogar noch einmal in Vers 16. Warum?

Wenn wir uns ganz Gott hingegeben haben, dann ist es weitaus wahrscheinlicher, dass unsere Gebete wirklich Gottes Anliegen widerspiegeln. Ist Ihnen schon einmal aufgefallen, dass die meisten Wunder im Neuen Testament dort geschehen, wo Menschen im Dienst für Gott stehen? Unser Gebet hat immer dann am meisten Kraft, wenn sein Wille und unser Wille weitestgehend zur Deckung gekommen sind.

Erkennen Sie es auch? Ein maximaler Ertrag an Frucht resultiert aus einer engen und anhaltenden Verbindung mit Jesus, denn er ist ohnehin der Ursprung von allem Guten, das in Ewigkeit Bestand hat.

Wir sind nun am Ende dieser Woche angelangt, in der wir uns damit beschäftigt haben, wie wir Gott tiefer erfahren können. Ich hoffe, Sie können bereits etwas davon schmecken, wie herrlich das Leben in enger Gemeinschaft mit Gott ist. Ich hoffe, Sie können bereits die ersten kleinen Ansätze von Frucht erkennen, an Stellen, wo Sie es zuvor nie erwartet hätten. Ich bete darum, dass es Ihnen immer besser gelingt, die Liebe Christi zu verstehen, die alle Erkenntnis übersteigt, und dass Sie mehr und mehr von der ganzen Fülle Gottes erfüllt werden (Epheser 3,19).

Gott möchte, dass Ihr Leben heute von seiner Fülle erfüllt wird, und er ist imstande, »unendlich viel mehr« zu tun, als Sie erbitten oder sich ausdenken können (Vers 20).

Anregung für Ihr Tagebuch

Machen Sie es sich zum Vorsatz, Ihre Gedanken heute den ganzen Tag über alle fünfzehn Minuten ganz bewusst dem Herrn zuzuwenden. Notieren Sie sich Bibelverse und deponieren Sie kleine Merkzettel und Gedächtnisstützen, die Ihnen dabei helfen.

In jedem Moment bin ich umgeben von seiner Liebe.
In jedem Moment empfange ich Leben von oben.
Ich blicke auf Jesus, bis seine Herrlichkeit erstrahlt.
In jedem Moment bin ich dein, Herr.
Daniel W. Whittle

Die Freude, die Jesus hatte,
kam daher, dass er tat,
wozu der Vater ihn gesandt
hatte. Und er sagt uns:
»Wie der Vater mich gesandt
hat, so sende ich euch.«

NACHWORT

Der Preis der Fülle

*Die Freude, die Jesus hatte, kam daher,
dass er tat, wozu der Vater ihn gesandt hatte.
Und er sagt uns: »Wie der Vater mich gesandt hat,
so sende ich euch.«*

Oswald Chambers

29. Tag

Die Weisheit der Wachstumsphasen

Darum, Brüder, haltet geduldig aus bis zur Ankunft des Herrn!
Auch der Bauer wartet auf die kostbare Frucht der Erde,
er wartet geduldig, bis im Herbst und im Frühjahr der Regen fällt.
Ebenso geduldig sollt auch ihr sein.
Macht euer Herz stark,
denn die Ankunft des Herrn steht nahe bevor.
Jakobus 5,7–8

Wenn Sie Kinder haben, dann erinnern Sie sich bestimmt noch daran, wie es war, als Sie das erste Mal merkten, dass offensichtlich alles irgendwie schief läuft. Ich weiß noch genau, wie unser erstes Kind sich von einem süßen Baby in ein kreischendes Kleinkind verwandelte. Als der Kleine bei einer einzigen Mahlzeit den dritten Wutanfall bekam, schauten Darlene und ich uns zutiefst schockiert und ratlos an. Irgendetwas mussten wir falsch gemacht haben.

Auf der Suche nach Hilfe wälzten wir alle möglichen Elternratgeber. Wenn es uns gelänge, das Problem frühzeitig bei der Wurzel zu packen, so dachten wir, würde uns vielleicht ein lebenslanges Desaster erspart bleiben.

Schon bald stellten wir jedoch fest, dass unserem Sohn gar nichts fehlte. Er war völlig normal und tat genau das, was ein gesunder Zweijähriger eben tut. Auch unsere hoch gesteckten Erwartungen waren völlig normal, wir mussten sie nur dem Entwicklungsstand unseres Sohnes anpassen.

Ebenso ist es auch im Weinberg Gottes. Veränderungsprozesse sind niemals einfach und meist nicht gerade ein Vergnügen. In aller Regel dauern sie auch länger, als uns lieb ist. Aus diesem Grunde sollten wir uns auch hüten zu meinen, dass die Prozesse, die Gott uns durchlaufen lässt, schnell zum großen Erfolge führen. Wussten Sie zum Beispiel, dass die Weinpflanzen im kalifornischen *Napa Valley* oft ganze fünfzig Jahre benötigen, bis sie den Höhepunkt ihrer Ertragskraft erreicht haben? Es braucht seine Zeit, bis eine volle Fruchtbarkeit erreicht wird. In aller Regel dauert es ein ganzes Leben lang.

Wir müssen auch nicht meinen, dass wir automatisch umso mehr geistliche Frucht hervorbringen, je älter und weiser wir sind (wir alle haben sicher schon 50-Jährige gesehen, die sich völlig kindisch benehmen). Wir dürfen aber erwarten, dass wir umso mehr Frucht bringen, je reifer wir in Christus werden – als Ergebnis unserer Bereitschaft, uns auf das Wirken des Weingärtners in unserem Leben einzulassen.

Im folgenden Diagramm stellt die horizontale Achse den Zeitverlauf und die vertikale Achse die Intensität unserer Reife in Christus in den verschiedenen Perioden dar. Nehmen Sie sich einen Moment Zeit, um sich zu vergegenwärtigen, wie Zeiten der Züchtigung, der Beschneidung und des Bleibens in Jesus einander abwechseln. Die Gesetzmäßigkeit, die sich hier widerspiegelt, gründet sich auf die Aussagen der Bibel sowie auf praktische Lebenserfahrung – meine eigene ebenso wie die von zahllosen anderen Menschen auf dem Weg mit Jesus.

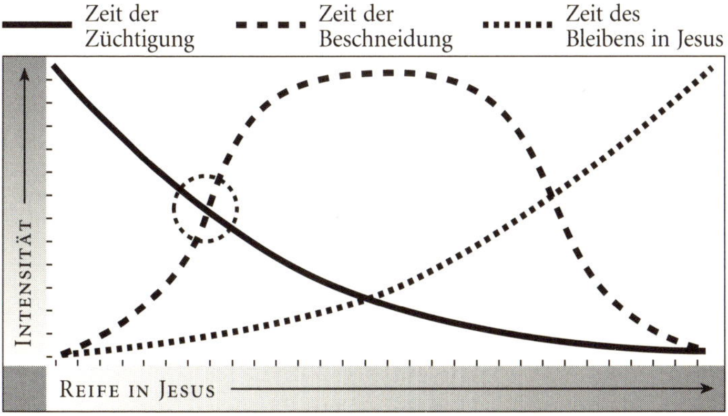

Gegenüberstellung der Verläufe in den verschiedenen Perioden

Was können wir aus dieser Grafik ersehen? Betrachten Sie zunächst den Verlauf der Kurve, die die Zeit der Züchtigung darstellt. Sie ist ganz zu Anfang am stärksten ausgeprägt und fällt dann mit zunehmender Reife in Christus kontinuierlich ab. Zum Ende hin ist Züchtigung, wie wir dem Kurvenverlauf entnehmen können, nur noch in einem geringen Maße vorhanden. Schauen Sie sich nun die glockenförmige Kurve der Zeit der Beschneidung an. Anfangs gibt es nur wenig Beschneidung. Bis zur Lebensmitte steigt sie dann kontinuierlich an, um zum Lebensende hin wieder abzufallen. Beachten Sie schließlich die dritte Kurve in unserem Diagramm, die darstellt, wie es im Laufe unseres Lebens um unser »in-ihm-Bleiben« aussieht. Zu Beginn ist die Kurve am geringsten ausgeprägt (doch man beachte: Sie ist schon vorhanden). Im Laufe unseres Reifungsprozesses steigt sie kontinuierlich an und kann im Prinzip unbegrenzt zunehmen.

Deckt sich dieses Bild der Entwicklungsphasen im Weinberg mit Ihrem Verständnis der Schrift, mit Ihrer eigenen Lebenserfahrung und mit dem, was Sie bei anderen beobachten? Wie würden Sie Ihren eigenen Entwicklungsstand einschätzen?

Wenn Sie sich an jenem Punkt befinden, wo Züchtigung und Beschneidung sich zum ersten Mal überkreuzen (siehe kleiner Kreis), dann sind Sie in einer besonders wichtigen und äußerst verwundbaren Phase. Sie sind innerlich und äußerlich im Umbruch. In diesen turbulenten Zeiten ist es sehr leicht möglich, dass Sie die Zeichen missdeuten (genau das möchte Satan natürlich). Doch zugleich ist dies ein sehr verheißungsvoller Moment und dieses Buch, ebenso wie *Das Geheimnis des Weinstocks,* will Ihnen eine Hilfe sein, Gottes Wirken in Ihrem Leben richtig einzuordnen.

Unabhängig davon, in welcher Entwicklungsphase Sie sich gerade befinden – Sie haben allen Grund, Mut zu fassen. Ihr Vater erwartet keineswegs von Ihnen, dass Sie sofort zur Reife gelangen oder direkt und ohne Umwege Ihr volles Fruchtbarkeitspotential erreichen. Er freut sich über jeden kleinen Reifungsschritt in Ihrem Leben. Wie liebevolle Eltern es tun, so blickt Gott über unsere momentanen Beschränkungen hinaus auf das, was in der Zukunft liegt.

Anregung für Ihr Tagebuch

Ausgehend davon, wie ich (anhand des oben gezeigten Diagramms) meinen gegenwärtigen Entwicklungsstand einschätze, welche Veränderungen sollte ich in näherer Zukunft erwarten? Wie kann ich mich darauf vorbereiten, später einmal mehr Frucht zu bringen?

Der Sämann sät das Wort.
Auf guten Boden ist das Wort bei denen gesät,
die es hören und aufnehmen
und Frucht bringen, dreißigfach, ja sechzigfach
und hundertfach.
Markus 4,14. 20

30. Tag

Das Geheimnis des Weinstocks und die Gemeinde

Wen ich liebe, den weise ich zurecht und nehme ihn in Zucht.
Mach also Ernst und kehr um! Ich stehe vor der Tür und klopfe an.
Wer meine Stimme hört und die Tür öffnet,
bei dem werde ich eintreten, und wir werden Mahl halten,
ich mit ihm und er mit mir.
Offenbarung 3,19–20

Ich werde nie den Sonntagmorgen vergessen, als ich erleben durfte, wie eine ganze Gemeinde sich auf einmal darüber bewusst wurde, in welcher Entwicklungsphase im Weinberg sie sich gerade befand – und was Gott in dieser Situation von ihr erwartete.

An jenem Tag hatte man mich gebeten, zwei Gottesdienste in dieser Gemeinde zu halten (die Gemeinde war zu jenem Zeitpunkt gerade ohne Pastor). Alles verlief wie geplant, bis ich ungefähr in der Mitte des zweiten Gottesdienstes plötzlich den Eindruck hatte, dass Gott mir etwas sagen wollte. Ich spürte, dass ich meine Predigt unterbrechen und dem Gottesdienst eine andere Richtung geben sollte.

»Mir scheint es, als ob wir in diesem Gottesdienst im Augenblick nicht das tun, was der Heilige Geist tun möchte«, erklärte ich meinen verblüfften Zuhörern. »Irgendetwas ist doch hier nicht in Ordnung. Habe ich Recht?«

Längere Zeit blieb es still. Hier und da sah ich Kopfnicken. Endlich begann der eine oder andere, sich zu Wort zu melden. Man erklärte mir, dass die Gemeinde gerade eine sehr schmerzliche Spaltung erlebt hatte. Einige Mitglieder waren erbost gegangen. Viele von denen, die sich noch zur Gemeinde zählten, waren zutiefst verbittert. Wie ich feststellte, war dies die erste offene Aussprache, die es in der Gemeinde gab, seit die Probleme aufgetreten waren.

»Wenn Sie wollen, dass der Geist Gottes hier Raum hat, dann werden Sie nicht drum herum kommen, den Sünden ins Auge zu sehen, die Gottes Absichten hier im Wege stehen«, sagte ich ihnen. Danach stellte ich eine Frage in den Raum: »Wollen Sie, dass Ihre Gemeinde wieder aufblüht?«

Nachdem fast alle zugestimmt hatten, konnte Gott an jenem Tag etwas Großartiges vollbringen. Hunderte kamen zum Gebet nach vorne. Viele weinten und baten einander um Vergebung für die Verletzungen, die sie sich gegenseitig zugefügt hatten. Als der Gottesdienst sich dem Ende zuzuneigen schien, sagte ich: »Liebe Freunde, ich glaube, der Heilige Geist hat große Freude an dem, was hier gerade geschehen ist, was meinen Sie?« Spontaner Applaus brach aus.

Der Gottesdienst, den ich hier eben beschrieben habe, war der Wendepunkt von einer Zeit der Zurechtweisung hin zu einer neuen Phase der Fruchtbarkeit für diese Gemeinde und ihre Arbeit in der Stadt. Wenn die Gemeinde ihrer Schuld nicht ins Auge gesehen und keine Buße getan hätte, dann hätte sie in den darauf folgenden Jahren noch intensivere Zeiten der Zurechtweisung erlebt (und vermutlich den nächsten Pastor für ihre Schwierigkeiten verantwortlich gemacht).

Bislang haben wir die Prinzipien, die Jesus am Beispiel des Weinstocks und der Rebe verdeutlichen wollte, ausschließlich auf Einzelpersonen angewandt. Die Anekdote, die ich Ihnen eben geschildert habe, macht aber deutlich, dass sie sich ebenso auf Gruppen anwenden lassen – Familien, Gemeinden, christliche Unternehmen und Werke. Sie können sich solche Gruppen oder Organisationen wie ein Spalier von Weinstöcken oder gar wie einen ganzen Weinberg vorstellen. Ich möchte Sie heute dazu einladen, einmal eine solche erweiterte Sichtweise einzunehmen.

Lassen Sie uns einmal einen Blick auf drei neutestamentliche Gemeinden werfen. Die Sendschreiben der Offenbarung richten sich an Gemeinden, die sich jeweils in einer der drei Entwicklungsphasen befinden.

Hier drei Beispiele dazu:

1. *Die Gemeinde in Thyatira befand sich in einer Phase der Zurechtweisung (und drohte in eine Periode schwerster Bestrafung zu steuern).*

Sie war falschen Lehrern gefolgt, die eine Reihe von Mitgliedern dieser Gemeinde zu schlimmer Sünde verführt hatten. Jesus richtete nun eine ernsthafte Ermahnung an diese Gemeinde: »Ich habe ihr Zeit gelassen umzukehren; sie aber will nicht umkehren und von ihrer Unzucht ablassen. Darum werfe ich sie auf das Krankenbett, und alle, die mit ihr Ehebruch treiben, bringe ich in große Bedrängnis, wenn sie sich nicht abkehren vom Treiben dieses Weibes« (Offenbarung 2,21–22).

2. *Die Gemeinde in Smyrna befand sich in einem Stadium der Beschneidung.* Die Gläubigen dort durchlebten gerade eine Zeit der Prüfung. Ihre Aufgabe war es auszuhalten. »Ich kenne deine Bedrängnis und deine Armut; und doch bist du reich ... Fürchte dich nicht vor dem, was du noch erleiden musst ... Sei treu bis in den Tod; dann werde ich dir den Kranz des Lebens geben« (Offenbarung 2,9–10).
3. *Die Gemeinde in Philadelphia war bereit, in Jesus zu bleiben.* Diese Gemeinde wurde weder zurechtgewiesen noch ermahnt wie die anderen Gemeinden. Jesus sagt zu ihr: »Ich kenne deine Werke und ich habe vor dir eine Tür geöffnet, die niemand mehr schließen kann. Du hast nur geringe Kraft und dennoch hast du an meinem Wort festgehalten und meinen Namen nicht verleugnet« (Offenbarung 3,8).

Haben Sie jemals darüber nachgedacht, dass auch eine Gemeinde oder christliche Organisation durch Phasen der Züchtigung, der Beschneidung und des Bleibens in Jesus gehen kann? Nehmen Sie sich einen Augenblick Zeit, um das, was Sie in den vergangenen vier Wochen gelernt haben, auf Ihre Gemeinde oder christliche Organisation anzuwenden. (Das Diagramm auf Seite 117 kann Ihnen dabei unter Umständen eine Hilfe sein.) Welche Entwicklungsphase trifft auf Ihre Gemeinde momentan am ehesten zu?

Was immer Sie tun, werden Sie nicht kritiksüchtig und verurteilen Sie niemanden. Kleben Sie niemandem ein Etikett auf, sondern seien Sie voller brüderlicher Liebe. Wenn Sie aber ein Verständnis dafür bekommen, was Gott gerade in Ihrer Gemeinde tut, so kann das Ihnen und anderen in Ihrer Gemeinde helfen, richtig darauf zu reagieren. Sie können konkreter beten und Ihre Energien gezielter einsetzen. Sie werden genauer erkennen, was Sie dazu beisteuern können, damit in Ihrem Umfeld (Gemeinde, Familie etc.) Raum für ein Maximum an Segen und geistlicher Fülle entsteht.

Anregung für Ihr Tagebuch

Herr, bitte zeige mir, was du in diesem Augenblick gerade in meiner Familie, in meiner Firma oder in meiner Gemeinde tust. Zeig mir, wie ich meinen Teil dazu besteuern kann. Bitte hilf mir, demütig und feinfühlig zu sein, damit ich dir dabei wirklich einen Dienst erweisen kann.

Der christliche Glaube ist etwas sehr Individuelles,
aber er geht noch weit darüber hinaus ...
Eine Ortsgemeinde oder christliche Gemeinschaft
soll nicht nur dogmatisch
die richtige Ausrichtung haben,
sie soll auch eine Art von Schönheit in sich tragen.
Christliche Gemeinschaft sollte das übernatürliche Wesen
Gottes verkörpern.
Francis Schaeffer

Seit dem Tag ... hören wir nicht auf, inständig für euch zu beten,
dass ihr in aller Weisheit und Einsicht, die der Geist schenkt,
den Willen des Herrn ganz erkennt.
Denn ihr sollt ein Leben führen, das des Herrn würdig ist
und in allem sein Gefallen findet.
Ihr sollt Frucht bringen in jeder Art von guten Werken
und wachsen in der Erkenntnis Gottes.
Kolosser 1,9–10

31. Tag

Das Gesicht der Fruchtbarkeit

Das ist mein Gebot: Liebt einander, so wie ich euch geliebt habe. Es gibt keine größere Liebe, als wenn einer sein Leben für seine Freunde hingibt.
Johannes 15,12–13

Obwohl ich Amy noch nie persönlich begegnet bin, ist sie mir irgendwie besonders ans Herz gewachsen. Sie ist Mutter von zwei Kindern und lebt in Florida, wo sie vor einigen Jahren zwei meiner Seminare zum Thema »geistliche Frucht« besuchte. Kürzlich erhielt ich einen Brief von ihr, von dem ich im Folgenden gerne einen Auszug zitieren möchte:

> »Zu der Zeit, als ich Ihr Seminar besuchte, hatte ich Probleme mit Alkoholabhängigkeit. Über viele Jahre hinweg hatte ich meinen Alkoholkonsum immer gerechtfertigt. Ich sagte meinem Mann und sogar meinen kleinen Kindern immer, dass nichts dabei sei, wenn man Alkohol trinkt – selbst wenn man täglich darauf zurückgreift –, solange man sich nicht sinnlos *be*trinkt. Als ich Ihr Seminar besuchte, da wusste ich auf einmal, dass Gott seinen Finger auf mein Alkoholproblem legte. Ich wehrte mich damals dagegen.
> Doch, genau wie Sie vorhergesagt haben, gab Gott nicht auf. Schließlich zwangen mich die Schwierigkeiten in meinem Leben in die Knie und ich fing an, zu einer Selbsthilfegruppe zu gehen, die sich in einer Gemeinde in unserer Stadt traf. Dort lernte ich Shelly kennen, eine allein stehende Frau, die sehr einsam war. Oft gingen wir nach der Gruppe immer noch eine Tasse Kaffee zusammen trinken. Bald merkte ich, dass Shelly auf der Suche nach Gott war. Ganz zögerlich begann ich, mit ihr über Jesus zu sprechen. Jedes Mal, wenn ich den Namen Jesu erwähnte, sah ich, wie ihre Augen feucht wurden. Schließlich bat sie mich, mit ihr zu beten, und gab ihr Leben Jesus.«

Amy schrieb weiter, im darauf folgenden Jahr habe sie erlebt, wie Shelly eine Bibelgruppe für Singles gründete, die sich mit der Zeit zu einem großen Dienst unter allein stehenden Menschen entwickelte. Als Shelly schließlich in eine andere Gegend zog, verloren die beiden Frauen einander aus den Augen. Amys Brief geht wie folgt weiter:

> Eines Morgens trank ich meinen Kaffee und las in der Zeitung, als mein Blick plötzlich auf einen bekannten Namen fiel: Shelly. Auch das Alter stimmte. Sie hatte am Tag zuvor einen schweren Autounfall gehabt, bei dem ihr Wagen frontal mit einem LKW zusammengestoßen war. Sie war auf der Stelle tot.
>
> Mir kamen sofort die Tränen, aber tief in meinem Herzen wusste ich, dass Shelly nun sicher geborgen bei Gott war. In den darauf folgenden Tagen, vor allem bei ihrer Trauerfeier, zu der mehr als fünfhundert Trauergäste kamen, konnte ich die Frage nach der Frucht mit völlig neuen Augen sehen. Immer wieder kam mir ein Gedanke in den Sinn: *Was wäre wohl gewesen, wenn ich mich damals der Zurechtweisung Gottes widersetzt hätte.* Inzwischen verspüre ich ein solches Drängen, eine gute Ernte für Gott einzubringen, dass sich die Prioritäten in meinem Leben völlig verändert haben.

Lieber Leser, ich hoffe, dass auch Sie ein solches Gefühl der Dringlichkeit in sich verspüren. Ich bin überzeugt, dass Jesus es in jener Nacht im Weinberg verspürt hat. Er wusste, dass er dem Tode nahe war, doch es gab noch etwas, was gesagt werden musste – jene überaus einprägsame Bildrede vom Geheimnis des Weinstocks.

Achten Sie darauf, wie Jesus seine Rede vom Fruchtbringen beschließt. Er sprach auf einer konkreten menschlichen Ebene: »Das ist mein Gebot: Liebt einander, so wie ich euch geliebt habe. Es gibt keine größere Liebe, als wenn einer sein Leben für seine Freunde hingibt.« Danach ging er bereitwillig ans Kreuz, weil er uns mehr liebte als sein eigenes Leben.

Genau das ist die Haltung, die wir brauchen, um Frucht für die Ewigkeit zu bringen. Wir sind dazu aufgerufen, jeden Tag zu sterben – der

Sünde, unseren Rechten und Ansprüchen, uns selbst – und dann mit aller Kraft das neue Leben zu ergreifen, das Gott für uns bereithat.
Sind Sie dazu bereit, lieber Leser?
Wenn Sie dieses Buch gelesen haben, dann hoffe ich, dass Ihnen das Gleichnis vom Weinberg und die Prinzipien geistlicher Fruchtbarkeit, die uns Jesus damit vermitteln wollte, im Gedächtnis bleiben. Eines Tages werden Sie einmal Ihrem himmlischen Vater gegenüberstehen. Dann werden Sie ganz gewiss keine einzige Traube sehen, dafür aber eine Menge Gesichter. Ihre »Früchte« werden Sie freudestrahlend umringen und Ihnen wohlwollend auf die Schulter klopfen. Es sind all jene Leute, die Sie näher zu Jesus geführt haben. Durch die Dinge, die Sie im Laufe Ihres Lebens gesagt und getan haben, sind diese Menschen in ihrem Leben aufgeblüht. Manche von ihnen wären vermutlich gar nicht da, wenn Sie nicht voller Leidenschaft alles daran gesetzt hätten, Frucht zur Ehre Gottes zu bringen ...
Der Winzer aber wird sagen: »Sehr gut, du bist ein tüchtiger und treuer Diener!«
Jesus sprach über Trauben, um deutlich zu machen, wie Gott in unserem Leben wirkt und was er von uns will. Jesus wollte, dass wir wissen, worauf es in diesem Leben wirklich ankommt. Alles, was ich in diesem Andachtsbuch geschrieben habe, dient nur diesem einen Zweck: Ihnen den Blick dafür zu schärfen, worauf es wirklich ankommt – und Sie dazu zu ermutigen, sich ab sofort genau darauf zu konzentrieren. Ich hoffe von ganzem Herzen, dass Sie Ihr Leben von jetzt an mit anderen Augen sehen werden.

Anregung für Ihr Tagebuch

An welche der Lektionen aus dem Weinberg können Sie sich am besten erinnern? Was könnten Sie tun, damit Sie sich im Alltag daran erinnern und sie auf Ihrem Weg mit dem Herrn umsetzen?

Wir hören nicht auf, inständig für euch zu beten,
dass ihr in aller Weisheit und Einsicht,
die der Geist schenkt, den Willen des Herrn ganz erkennt.
Denn ihr sollt ein Leben führen, das des Herrn würdig ist
und in allem sein Gefallen findet.
Ihr sollt Frucht bringen in jeder Art von guten Werken
und wachsen in der Erkenntnis Gottes.
Kolosser 1,9–10

ANHANG

DIE DREI JAHRESZEITEN IM WEINBERG GOTTES

	Zeit der Züchtigung	Zeit der Beschneidung	Zeit des Bleibens in Jesus
An welchem Bereich in Ihrem Leben müssen Sie persönlich besonders arbeiten?	Ihre Sünde	Ihr Ego	Ihre Gottesbeziehung
Was hat Gott mit Ihnen vor?	Ihr Leben zu reinigen	Ihre Prioritäten zu hinterfragen	Sie näher zu sich zu ziehen
Was will Gott vor allem von Ihnen?	Gehorsam – von Sünde lassen	Vertrauen – alles, was von ihm ablenkt, zurücklassen	Liebe – die Freundschaft mit Ihnen vertiefen
Wie reagieren Sie am besten?	Umkehr	Selbsthingabe	Annäherung
Wie können Sie konkret beten?	*»Hilf mir, Herr! Vergib mir und erlöse mich von meiner Sünde.«*	*»Gebrauche mich, Herr! Verändere mich, damit du mehr mit mir anfangen kannst.«*	*»Zieh mich näher zu dir, Herr! Du bist wichtiger als alles andere.«*
Was dürfen Sie erwarten?	Wiederherstellung	Freisetzung	Ruhe
Wann ist diese Zeit beendet?	Wenn Sie von Ihrer Sünde ablassen	Wenn Sie Ihre Prioritäten ändern	Eigentlich nie (Gott will, dass diese Zeit für immer andauert)
Was hält Gott für Sie bereit?	Früchte des Gehorsams	Mehr Frucht nach der Beschneidung	Viel Frucht durch ein Leben »in IHM«